Eifelbilder

Hermann Ameling / Paula Neumann

Bilder schaffen durch Worte. Bilder, die im Kopf entstehen, Gefühle wecken – Trauer, Freude oder Angst. Die Stimmung auf den Leser übertragen, das ist das Ziel.
Einige der Erzählungen von Hermann Ameling basieren auf historisch belegten Ereignissen. Ob sich jedoch die schöne Müllerin Matisse wirklich gegen eine Handvoll französischer Soldaten zur Wehr gesetzt hat? Vielleicht – es könnte so gewesen sein, finden Sie es heraus.

Paula Neumann lässt ebenfalls Bilder entstehen, allerdings verwendet sie dazu Pinsel, Leinwand und Farbe. Auch sie schafft Stimmungen. Landschaften, Blumen, Abendrot.
Ihre Bilder fangen den Betrachter ein, lassen in ihm den Wunsch entstehen, in diese wundervollen Landschaften einzutauchen, darin zu wandern, die bunten Blumen zu pflücken oder sich einfach nur von der untergehenden Sonne verzaubern zu lassen.

HERMANN AMELING
PAULA NEUMANN

Eifelbilder

Erzählungen & Gedichte
Aquarelle & Acrylbilder

Text / Illustration Copyright © 2016 H. Ameling / P. Neumann
Herstellung und Verlag: BoD - Books on Demand, Norderstedt
Gestaltung: Hermann Ameling
Foto Titelseite: Alte Kirche, Gransdorf, Hermann Ameling
Foto Rückseite: Anita Müller

ISBN 9783743118560

für Johannes

"im Hohen Venn"

Wo Eifel und Ardennen ineinander übergehen und wo sich Deutschland und Belgien berühren, dort liegt eine einsame weite Landschaft: das Hohe Venn. Durchzogen von weiten Mooren, stillen Heideflächen und Wäldern mieden es die Menschen von jeher, dort ihre Häuser zu errichten. Manch einen befielen schon arge Ängste, wenn er an trüben Tagen das unwegsame Venn durchqueren musste. Wegekreuze und Gedenksteine zeugen von den Tragödien, die sich in dieser einsamen Landschaft abgespielt haben.

1871 Das Kreuz der Verlobten

»Nun komm schon, François. Bis Xhoffrais ist es noch ein ganzes Stück! Und es hat auch wieder zu schneien angefangen!« Der blonde Mann lachte. François Reiff leerte sein Glas, wischte sich den Mund ab und stand auf. »Hast recht, Marie, wir sollten uns wirklich auf den Weg machen.«

Die ersten Schritte in der klirrenden Kälte fielen schwer. Marie sehnte sich zurück nach der warmen Gaststube und schlang den groben Wollmantel fester um die Hüften. François schob seine Kappe tiefer in die Stirn und legte den Arm um ihre Schulter. »Wie weit ist's bis Xhoffrais?«, fragte er seine Verlobte.

»Es liegt Schnee. Drei Stunden, denke ich.«

»Gehen wir gleich zum Pfarrer?«

»Aber sicher!« Marie blieb stehen und sah ihn prüfend an. »Wie soll ich dich denn heiraten ohne Papiere?«

»Was, du willst mich heiraten?« François zog fragend die Augenbrauen hoch.

»Gut, wenn du das anders siehst, können wir uns den Weg nach Xhoffrais ja sparen!« Sie wand sich aus seinem Arm und ging geradewegs zurück zum Gasthaus. Drei Schritte – weiter kam sie nicht. François schloss sie in die Arme und drückte ihr einen leidenschaftlichen Kuss auf den Mund.

Lieber Gott, lass es niemals enden, betete Marie, schloss die Augen und ließ sich ins Nirgendwo fallen. Dann, als es doch irgendwann endete, weil beide atmen mussten, blickte sie in François' Gesicht. »Ich liebe dich sehr, du Schuft, und ich werde dich immer lieben, immer, immer, immer!«

François drückte sie noch fester an seinen Körper. »Der Tag, an dem ich dir begegnet bin ..., ich danke Gott dafür!«

Sie lachte glücklich. »Komm, wir gehen!« Marie griff seine Hand und zog ihn weiter.

Die letzten Häuser von Jalhay lagen hinter ihnen und lichter Wald umschloss sie bald. Kleine Gruppen von Birken wechselten mit Tannen ab, deren Äste sich unter der Last des Schnees tief zur Erde neigten. Auf dem hart gefrorenen Boden kamen die beiden gut voran. Den Wald ließen sie bald hinter sich und die Weite des einsamen Venns tat sich auf. Der Schneefall wurde heftiger und ein stürmischer Wind ließ die Flocken wirbeln und tanzen. War der Weg im Wald noch gut zu erkennen, verwischte der Schnee nun allmählich alle Konturen und ließ den schmalen Pfad eins werden mit der weißen Einöde.

François blickte ein wenig besorgt zu Marie, die ihre Hand tief in seiner Jackentasche vergraben hatte. »Du kennst den Weg?«, fragte er und in seiner Stimme schwang unüberhörbar die aufkeimende Sorge mit.

Sie spürte, dass diese Frage nicht einfach belanglos gestellt war. Marie sah ihn an und drückte seine Hand fest in der warmen Tasche. »Ich weiß nicht, wie oft ich diese Pfade schon gegangen bin. Vertraue mir!«

François lächelte.

Drei Stunden waren vergangen, ohne dass sie einem Lebewesen begegnet waren. Im heftigen Schneetreiben war weder Weg noch Steg zu entdecken. Der Wind tobte und jagte dicke Flocken über die einsame Weite. Dann setzte die Dämmerung ein und das Weiß verwandelte sich in bedrohliches Grau.

Erschöpft blieb Marie nun stehen, schlang die Arme um François' Körper und lehnte den Kopf an seine Schulter. Wortlos drückte er sie an sich.

»Ich weiß nicht mehr, wo wir sind«, schluchzte sie, »ich weiß es nicht mehr!«

François hatte es gefühlt. Schon vor einer Stunde hatte ihn ein merkwürdiges Gefühl beschlichen. Er strich ihr über die Wange und küsste sie auf die kalte Nase. »Macht nichts, Chérie. So groß ist das Venn auch nicht, als dass wir da nicht wieder herausfinden würden.« Doch seine Worte waren ihr kein Trost.

»Das Venn ist tückisch, du kennst es nicht, François«, flüsterte sie mit tränenerstickter Stimme.

Und da hatte sie wohl Recht. François stammte aus Bastogne, er war beim Bau der Talsperre von la Gileppe beschäftigt und das Venn, das kannte er wirklich nicht.

Während er die zitternde Marie in seinen Armen hin und her wiegte, arbeiteten seine Gedanken fieberhaft. Was konnte er tun? Sie hatten sich verlaufen und in diesem Schneesturm sah man kaum die Hand vor den Augen. »Was können wir tun, Marie?«, fragte er leise.

Ein klägliches Schluchzen war die Antwort auf seine Frage. Was kann ich tun? Was kann ich bloß tun? hämmerte es in seinem Hirn. François wurde mit einem Mal sehr bewusst, dass sie sich in einer weiten Moorlandschaft verirrt hatten. Dicke Flocken fielen und die Dunkelheit fiel rasend schnell über das Land her. Stehe ich hier auf festem Boden oder schon auf gefrorenem Sumpf? Mit dem rechten Fuß stampfte er vorsichtig auf. Nichts. Noch einmal, fester. Eis knackte.

»François!« Aus weit aufgerissenen Augen starrte Marie ihn entsetzt an. Er tastete nach ihrer Hand. »Es ist nichts geschehen, Chérie. Wir gehen jetzt weiter. Wir müssen weiter!«

Einander an der Hand haltend setzten sie vorsichtig einen Fuß vor den anderen. Ganz behutsam, den Atem anhaltend und nach bedrohlichem Knacken lauschend. An einem Haselnussgebüsch schnitt François einen dicken Knüppel, mit dem er das Gelände abtastete. Immerhin, dachte er, wo ein solcher Busch steht da muss auch fester Boden sein. »Dort lang!«, befahl er.

Bevor er einen Schritt, tat, rammte er den Stecken in den Grund. Wieder und wieder und wieder, vor jedem Schritt den er tat. Seine Hand schmerzte, doch wieder stieß er in die Erde. Eis krachte, der Boden bewegte sich. Instinktiv warf sich François zur Seite, packte Maries Hand fester und riss sie herüber. Zu spät.

Ein panischer Schrei entfuhr ihr und sie verschwand bis zur Hüfte im Moor. François lag im Schnee und hielt ihre Hand fest umklammert. »Bewege dich nicht! Ich ..., ich ..., ich werde dir helfen!«

»François ...«, wimmerte Marie leise, wagte noch nicht einmal zu sprechen.

Verzweifelt blickte er sich um. Ihr Ende war wohl noch keine beschlossene Sache, denn in Reichweite stand ein stacheliges Gehölz. François streckte sich, erreichte mit Mühe die ersten Zweige. Den Schmerz ignorierend griff er in die Stacheln. Marie dort herauszuziehen war viel einfacher, als er sich das vorgestellt hatte. Beinahe mühelos glitt sie aus dem Sumpf in den Schnee. Sie weinte hemmungslos. Eng umschlungen lagen beide unter dem Dornenbusch. Wieder und wieder küsste François die weinende Marie.

»Wir müssen weiter, Chérie, hier können wir nicht bleiben.« Sie nickte, wischte sich durchs Gesicht und stand vorsichtig auf, immer den Blick auf den Busch gerichtet, um jederzeit die rettenden Zweige zu erreichen. Bis zur Hüfte war Marie durchnässt und François war klar, dass es nun wirklich auf Leben und Tod ging. Weit würde sie es nicht mehr schaffen. Seine Hand schmerzte fürchterlich. Tief waren die Dornen ins Fleisch eingedrungen. Blut tropfte herab.

Ein paar zerzauste Büsche und Sträucher tauchten im Zwielicht auf. Vielleicht säumten sie ja einen Weg, einen Pfad, irgendetwas, jedenfalls war dort ganz bestimmt kein Sumpf! »Schau dort Marie, dort ist der Weg. Egal wohin er führt, wir werden ihn nehmen!«

Sie zitterte, sie weinte und er spürte, dass seine Worte nicht bei ihr angekommen waren. »Marie, wir haben den Weg wiedergefunden, wir sind gerettet!« Behutsam nahm er sie in die Arme.

»Mir ist so kalt«, antwortete sie leise, kaum hörbar.

»Komm, stütze dich auf mich, dann wird es gehen.«

In der Tat schien es ein schmaler Pfad zu sein, den François gefunden hatte. Überraschend schnell kamen sie nun voran. Der Schneefall hatte ein wenig nachgelassen, doch ein eisiger Wind war aufgekommen und trieb die Flocken nun über die öde

"die Farben der Eifel"

Fläche. Überall war ein leises Rascheln und Knistern. Manchmal hörte es sich an wie ein Flüstern und mit einem Mal hatte François das Gefühl, als wäre dort draußen jemand, als seien sie nicht alleine. Einige Male drehte er sich um und spähte angestrengt in das weite Nichts. Und dann ein plötzliches Krachen, Eis brach und beide rutschten sie in einen Bachlauf. Marie rührte sich nicht mehr.

»Marie! Du darfst jetzt nicht aufgeben!« Verzweifelt zog und zerrte François Marie die steile Böschung hinauf. Keuchend ließ er sich in den Schnee fallen und atmete tief. Er beugte sich über sie, strich das nasse Haar aus ihrem Gesicht. »Marie«, flehte er, »schau mich an, Marie.«

Mühsam schlug sie die Augen auf und blickte ihn an. Und wie ein Dolchstoß fuhr es ihm ins Herz. Aus diesen Augen wich das Leben! Marie hatte den Kampf aufgegeben.

»Marie!« Verzweifelt schlang er seine Arme um ihren Körper. »Marie, halte durch! Wir werden es schaffen! Marie!«

François hatte die Fassung allmählich wieder zurückgewonnen. Er hielt die völlig erschöpfte Marie in den Armen und blickte sich hilfesuchend um. Der heisere Ruf einer Eule drang von irgendwo herüber, und dann war da wieder dieses Rascheln und Knistern und Flüstern. Doch da war nichts als weiße Weite und eisige Kälte. »Wir müssen weiter, Chérie«, flüsterte er und strich ihr durchs Haar, »wir müssen weiter!«

»Ich kann nicht mehr«, hauchte Marie, »ich bin so müde.« Sie schloss die Augen. Sie würde keinen Schritt mehr gehen, das wurde François nun schmerzlich klar. Und diese Nacht, die würde sie hier draußen keinesfalls überstehen!

Schwer atmend nahm er sie auf die Arme, trug sie, doch weit kam er nicht, zu erschöpft, zu entkräftet war auch er. Im Schutze eines niedrigen Strauches legte er Marie nieder. »Marie«, flüsterte François. Mühsam öffnete sie die Augen. »Marie, ich werde Hilfe holen! Halte aus, ich werde bald zurück sein, das verspreche ich dir!« Ihre Augen schlossen sich wieder. »Marie! Du darfst nicht schlafen! Hörst du!« François schüttelte sie heftig. Sie schaute ihn an. Es brach ihm das Herz, als er sie küsste. Der Kuss vor dem Tod.

François rannte los, stürzte, brach ein, doch immer wieder rappelte er sich auf. Und dann glaubte er in der Ferne ein schwankendes Lichtlein zu sehen. Das war die Rettung! »Ich danke dir, oh Gott, ich danke dir!« Neue Kräfte beflügelten seine Schritte. Marie ..., Marie schrien seine Gedanken. François stolperte vorwärts. Das Licht verschwand und es tauchte wieder auf. Eis krachte und brach. François versank im Moor. In wilder Panik griff er um sich und es gelang ihm wirklich einen Zweig zu fassen. Vorsichtig zog er daran. Um Gottes Willen, lass den Zweig nicht abreißen! Dann umklammerten seine Hände einen dickeren Ast und er konnte sich aus dem Sumpf befreien. Noch einmal sah er das Licht, lief darauf zu, doch es entfernte sich, bis es schließlich erlosch. François blieb stehen und blickte angestrengt in die Richtung. »Marie!« Angst befiel ihn, eine Angst wie er sie in seinem jungen Leben noch niemals gespürt hatte. Schluchzend lief er weiter, fiel hin, robbte weiter durch den Schnee, immer weiter, immer weiter. Er betete und er fluchte. Er spürte die eisige Kälte und die Schmerzen nicht mehr. Er musste Marie retten, er musste! Marie! Marie! Marie!

Zwei Monate später entdeckte ein Zöllner nahe dem belgisch-preußischen Grenzstein Nr. 151 eine tote Frau. Marie-Josèphe

Solheid wurde 24 Jahre alt. Sie erfror am 21. Januar 1871. Den toten Körper François Reiffs fand man etwa drei Kilometer von Maries Leichnam entfernt im Venn.

Ihr Andenken zu bewahren errichtete man 1931 ein Kreuz an jener Stelle, wo Marie gestorben war. *Das Kreuz der Verlobten* steht im Venn, ganz in der Nähe von Baraque Michelle.

Die Kyll, der längste Fluss der Eifel ist zwar keiner der großen Flüsse, doch gerade im Winter, wenn Eis und Schnee das Reisen ohnehin erschweren, dann kann die Kyll zu einem nahezu unüberwindlichen Hindernis werden. War man im Sommer unterwegs, dann sah man zu, dass man eine der wenigen Brücken erreichte oder eine flache Fuhrt fand. Im Winter jedoch, da war das alles nicht so einfach.

1876 Der Weg nach Fließem

»Was ist denn geschehen, Mama?« Angst griff nach der kleinen Magda, näherte sich ihr langsam und schleichend, so wie ein bösartiges Tier, das sich heimtückisch seinem Opfer nähert. Bange blickte sie in das bleiche Antlitz der Mutter und dann legte sich die kleine Kinderhand trostspendend auf Annas Arm. Die Hand der Mutter umklammerte den Brief, knüllte ihn zusammen, fester, immer fester, bis die Knöchel das Weiß der gekalkten Wände annahmen. Anna starrte durchs Fenster, hinüber zu den mächtigen alten Bäumen, dort wo der Schnee in dicken Flocken still herniederfiel.

Helene war tot! Tot, weggegangen, einfach verschwunden aus diesem Leben – für immer.

»Mama«, flüsterte Magda angsterfüllt und blickte die Mutter fragend an. Mühsam rührte sich Anna, fand erst ganz allmählich wieder zurück in die Gegenwart und dann sah sie ihre kleine Tochter an, lange und voll tiefer Trauer. Behutsam schlang sie die Arme um Magda und erst dann kamen ihr die Tränen.

Hemmungslos schluchzend drückte Anna das kleine Mädchen an sich. »Tante Helene ist tot«, brachte sie schließlich mühsam hervor.

Der Schneefall hatte ein wenig nachgelassen, die Dämmerung zog auf. Anna warf ein knorriges Holzscheit ins Feuer. Funken stoben auf und schon bald leckten die Flammen gierig am trockenen Akazienholz. Ganz still stand Anna und blickte sinnend in die rote Glut. Tränen rannen ihr über die Wangen. Helene, die Gedanken an die tote Schwester, sonst gab es nichts. Mit zitternden Händen griff sie nach einem Kienspan und entzündete die Lampe. Müde setzte sich Anna an den Tisch und blickte auf den zerknüllten Brief. Lange starrte sie auf das zerknitterte weiße Papier, das unter ihrer flachen Hand nun wieder ein wenig glatter wurde. Helene war tot. Ihr Leben hatte am 31. Januar 1876 geendet. Nur sechsunddreißig Jahre wurde sie – das war zu wenig, viel zu wenig! Sie selbst war ja schon zwei Jahre darüber hinaus.

Das Begräbnis findet am 3. Februar statt, las Anna und starrte gedankenverloren in die rußende Flamme der Lampe. 3. Februar, 3. Februar – das ist morgen! Egal ob nun Schnee liegt oder nicht, morgen werde ich in Fließem bei Helene sein!

Steinborn lag schon hinter ihnen und aus der trüben Dämmerung des frühen Morgens tauchten nun die ersten Häuser von Kyllburgweiler auf. Gut, dass Schnee liegt, dachte Anna und fasste Magdas Hand fester. Die beiden kamen zwar nicht schnell voran, doch lag trotz der frühen Stunde blaues Zwielicht über den Hügeln. »Jetzt geht's über die Klopp hinab nach Kyllburg, mein Schatz«, sagte Anna und schenkte ihrer Tochter ein aufmunterndes Lächeln. »In Kyllburg bei Tante Hilde werden wir eine Tasse heiße Milch trinken.«

Stille, nur das Knirschen ihrer Schritte im tiefen Schnee war zu hören. Magda fürchtete sich im düsteren Kloppewald. Im Zwielicht des aufziehenden Tages kam ihr bald jeder knorrige Baum und jeder zottige Busch wie ein bedrohliches Wesen vor. Enger drängte sie sich an die Mutter. »Und das Kloppemännchen?«, fragte sie leise, kaum hörbar und schielte dabei vorsichtig aus den Augenwinkeln in den finsteren Wald. Das heisere Bellen eines Fuchses durchschnitt die Stille und, als hätten sie sich verabredet, antwortete eine Eule mit düsterem Ruf. Erstarrt blieb Magda stehen. »Mama!«

Anna beugte sich zu der Kleinen hinab, schloss die Arme um den schmächtigen Körper und flüsterte: »Ein Fuchs, der eine Eule beschimpft hat, weiter nichts, mein Schatz. Du musst keine Angst haben.«

Die Mutter war stark und sie hatte auch keine Angst, doch was konnte sie schon gegen das Kloppemännchen ausrichten? Anna war überzeugt, dass der heimtückische Kobold hier irgendwo auf sie lauerte. Irgendwann würde er gewiss hinter einem dicken Baum hervorspringen, den großen grauen Schlapphut tief ins Gesicht gezogen, mit wehendem Mantel und grimmigem Blick.

Im Osten erwachte der neue Tag. Das Morgenrot, nur angedeutet als schmaler rosa Streifen, verkündete das Ende der Nacht. Furchtsam blickte Magda zurück, doch da war nur ihre Spur im tiefen Schnee und die stille Einsamkeit dieses kalten Morgens.

Die beiden hatten das Tal der Kyll beinahe erreicht. Am alten Wegekreuz hielt Anna an. »Wir sprechen ein Gebet für Tante

Helene.« Anna faltete die Hände, senkte den Kopf und ihre Lippen sprachen das *Gegrüßt sei's du Maria*. Auch Magda hatte die Hände gefaltet, doch anstatt zu beten beschäftigten sich ihre Gedanken mit den Zahlen auf dem Schaft des Kreuzes. »Siebzehnhundertundfünf«, buchstabierte sie langsam und ganz leise.

»So«, sagte Anna nun aufmunternd lächelnd und zog Magda die Mütze tiefer in die Stirn. »Jetzt geht's hinauf auf Konert, vorbei an der Wilsecker Linde und dann sind wir auch schon bald an der Mühle. Dort schauen wir, dass wir über die Kyll kommen und bis Fließem ist es dann nicht mehr weit.«

Magda lächelte die Mutter tapfer an. Tante Hildes heiße Milch hatte ihre Lebensgeister wieder erweckt und das Kloppemännchen hatte sich klammheimlich aus ihren Gedanken geschlichen.

Keuchend erreichten sie die Höhe bei der Wilsecker Linde hoch droben über dem Kylltal. »Dort unten im Tal liegt Kyllburg«, erklärte Anna, noch immer schnaufend von den Anstrengungen des steilen Aufstiegs. »Und dort drüben, das ist die Stiftskirche.« Das verschneite Kylltal lag nun tief unten zu ihren Füßen. Aus den Schornsteinen der Häuser stieg Rauch in dünnen Säulen zum Himmel. Kein Windhauch regte sich. Auf Annas ernstes Gesicht legte sich ein mildes Lächeln. »Es ist schön bei uns, nicht«, dabei schaute sie Magda an und drückte sanft ihre kleine Hand. Die beiden sahen sich an und Magda nickte zustimmend.

Erst ein paar Schritte waren sie gegangen, als in der Wegbiegung wie aus dem Nichts plötzlich eine düstere Gestalt auftauchte. In

Sackleinen gehüllt, mit wehendem Mantel und struppigem Bart, den Hut tief ins Gesicht gezogen. Die Pfeife schief im Mundwinkel und über den Buckel einen schweren Sack geworfen, so kam er den engen Pfad herauf. Nicht nur Magda erschauderte, auch Anna fuhr der Schrecken gehörig in die Glieder. Sie konnten den Pfeifentabak riechen, als er mit schnellen Schritten an ihnen vorübereilte. Den Finger legte er noch zum Gruß an die Hutkrempe und im nächsten Augenblick war er schon hinter ein paar schneebeladenen Tannen verschwunden.

Es dauerte eine geraume Zeit, bis die Furcht verging. Wortlos stapften Anna und Magda durch den tiefen Schnee, bis Anna schließlich leise auflachte. »Wir sind dumm, wir beide!« Sie atmete tief durch, »fürchten uns vor einem alten Mann. Es war bestimmt der alte Hornickel, der Hausierer, der auf dem Weg nach Kyllburg ist.«

Magda antwortete nicht, klammerte sich stattdessen an die Hand der Mutter und für nichts in dieser Welt hätte sie diese Hand losgelassen.

Bergab ging es nun recht schnell. Bald schon lag Wilsecker hinter ihnen und die Mühle an der Kyll war erreicht.

Eine dicke Eisschicht bedeckte den Fluss und nur weiter unten an den Rauschen strömte das Wasser gischtend über die Steine.

»Wie soll denn hier ein Boot fahren? Ein halber Meter Eis!«, rief der alte Müller von der anderen Flussseite herüber und deutete auf die zugefrorenen Kyll. »Wenn der Frost nicht bald geht, dann wird's noch mein Mühlrad sprengen! Zum Teufel mit dem Winter!« Griesgrämig wandte er sich ab und schlurfte zurück zum Haus. »Aber wie sollen wir beide denn zum anderen Ufer kommen? Ich muss doch nach Fließem!« Annas Augen füllten sich mit Tränen.

»Das Eis, geht doch übers Eis. Es trägt«, brummte der Alte und verschwand hinter einem Schuppen. Anna sah zur Kyll hin, schaute auf die weite Eisfläche, die sich bis zum anderen Ufer hinzog.

Behutsam, als befände sich unter ihren Füßen bereits das eisige Wasser der Kyll, tat Anna zwei Schritte vom Ufer weg und vorsichtig setzte sie den rechten Fuß auf das Eis. Einen halben Meter, hatte der Müller gesagt. Wenn das Eis wirklich einen halben Meter dick war, dann bestand keine Gefahr, aber wenn nicht? Am Wehr, dort wo das Wasser sich kaum noch bewegte, war das Eis sicher am dicksten. Aber dort war der Fluss auch am tiefsten.

Nur ein kleiner Schritt und dann noch einer. Anna hüpfte. Erst einmal ganz vorsichtig, dann schon etwas mutiger und schließlich sprang sie hoch in die Luft und landete auf dem Eis. Nichts war geschehen, kein Knacken, kein Knirschen – nichts.

»Komm, Magda, wir wollen es wagen, wir müssen hinüber!«

Furchtlos schritt Magda über das Eis, ihre Hand in die der Mutter gelegt. Was tue ich, wenn das Eis bricht? grübelte Anna und griff Magdas Hand augenblicklich fester.

Ein Knall wie ein Peitschenschlag zerriss die Stille des Morgens. Erschrocken blickte sich Anna um, drückte Magda an sich. Und dann sah sie ihn. Ein Riss im Eis, etwa fünf oder sechs Meter entfernt. Wasser quoll heraus und dieser Riss lief genau auf die beiden zu. »Magda!«, kreischte Anna, packte die Hand ihres Kindes noch fester, versuchte der Gefahr mit ein paar schnellen Schritten zu entkommen, strauchelte, fiel hin und rappelte sich sofort wieder auf. Wieder dröhnte ein Peitschenknall durch die Luft und ein weiterer Riss tat sich im Eis auf.

»Mama!«, schrie Magda und klammerte sich an Annas Hand. Das Kind stand schon mit den Füssen im Wasser und jetzt bemerkte Anna, dass sie auf einer Eisscholle standen, die sich nun allmählich neigte. Beinahe gleichzeitig rutschen beide ins eisige Wasser.

»Magda!«, schrie Anna voller Panik, tauchte unter und kam wild planschend wieder zum Vorschein. »Magda! Magda! Hilfe!« Anna bekam Magda nicht mehr zu fassen. Für einen Augenblick reckte sich noch die kleine Kinderhand flehend zum Himmel – dann zog die Strömung das Kind unter das Eis. Anna krallte sich an der Eiskante fest. »Hilfe, Hilfe!«, schrie sie aus Leibeskräften und bemerkte nicht, dass der Müller längst da war, sie an den Schultern packte und über das Eis zum Ufer zog. In der Rechten hielt er eine Axt und mit der Linken schleifte er Anna übers Eis.

Regungslos und vollkommen erschöpft lag Anna im Schnee, konnte keinen klaren Gedanken fassen, hörte nur die dröhnenden Schläge, die von irgendwoher in ihren Kopf drangen. »Magda«, ächzte sie verzweifelt, spuckte Wasser aus, »Magda!« Schluchzend blickte sie zum Müller hinüber, der wie ein Berserker mit der Axt auf das Eis eindrosch.

»Jonas!«, brüllte der Müller, »Jonas!«, schrie er noch einmal ohne von seinem wilden Tun abzulassen. Wasser sprudelte aus dem Loch im Eis, spritzte auf, dazwischen Eisbrocken und noch immer schlug der Müller wild auf das Eis ein.

Aus der Mühle stürzte der Geselle, rannte ohne weiter nachzudenken auf das Eis zum Meister hin. »Halte meine Beine!« raunzte der Müller. Er wartete nicht bis der Geselle seine Beine gepackt hatte, kopfüber verschwand er im eisigen Wasser. »Meister, Meister ...«, wisperte Jonas ängstlich, saß auf dem Eis und hielt des Müllers Beine krampfhaft umklammert. *Er wird noch ertrinken*, dachte Anna, hielt sich starr vor Angst die Hand vor den Mund, *er kommt nicht mehr hoch* ... »Magda ...«

Doch der Müller kam wieder hoch. Bald schon machte er Anstalten aufzutauchen. Mühsam zog Jonas ihn aus dem kalten Wasser. Und da war noch etwas. Zuerst ein Fuß, dann ein Fetzen roten Stoffes ... »Magda!«, schrie Anna verzweifelt auf. Der Müller zog Magda aus dem eisigen Wasser.

Anna stürzte ihrer Tochter entgegen. »Bleib wo du bist, Weib!«, knurrte der Müller und kam mit der kleinen Magda, gefolgt von Jonas übers Eis gerutscht. »Nimm sie«, brummte der Alte nun Jonas zu und deutete auf Anna.

Wärme schlug ihnen entgegen, als Jonas, Anna auf den Armen tragend, die Stubentür aufstieß und sie in den Schaukelstuhl setzte. Behutsam legte der Müller Magda auf die braunen Bodendielen. Er schlug ihr ins Gesicht. Einmal, zweimal, links und rechts. Nichts. Bei jedem Schlag zuckte Anna zusammen und es schmerzte sie, als hätte der Müller nicht Magda sondern sie selbst geschlagen.

Dreimal schon hatte er seinen Atem in Magdas Lungen geblasen, ohne dass die Kleine ein Lebenszeichen von sich gegeben hätte. Anna weinte, drückte sich tief in den Stuhl und schaute voller Verzweiflung zu, was der Müller dort tat. Und dann, gerade als der wieder seinen Mund auf Magdas Lippen legen wollte, kehrte das Leben in den kleinen Körper zurück. Röchelnd, kaltes Kyllwasser spuckend und leise wimmernd schnappte Magda nach Luft. Noch immer neben Magda kniend, lehnte sich der alte Müller erschöpft gegen den Türrahmen, zuerst Magda und dann Anna sinnend betrachtend. Eine stille Freude legte sich auf das alte Gesicht.

"Winterzeit"

"verschneite Landschaft"

»Magda ...«, schluchzend robbte Anna über den Boden zu ihrer Tochter und schloss sie in die Arme.

Voller Ehrfurcht blickte Jonas zum alten Müller hin und hätte er in diesem Augenblick einen Hut auf dem Kopf getragen, er hätte ihn ergeben vor seinem Meister gezogen.

Helene wurde zu Grabe getragen, ohne dass sich Anna von ihr verabschieden konnte. Erst einen Tag später stand sie am Grab der Schwester.
Das Bild der Mutter, die schon vor einigen Jahren von ihnen gegangen war, tauchte mit einem Mal vor ihren Augen auf und Anna dachte zurück an die frühen Jahre, als sie mit der Schwester im großen Garten hinter dem Haus gespielt hatte ... Helene.
Und wie dicht standen Magda und sie selbst gestern vor der Himmelstür? Die Tränen kamen ihr. »Herr ich danke dir aus ganzem Herzen, dass du meiner kleinen Magda und mir noch ein klein wenig Zeit auf dieser Erde gegeben hast. Ich danke dir ...«
Annas stilles Weinen ging in ein Schluchzen über und erst jetzt schien sie zu begreifen, wie nahe sie und Magda dem Tod drunten an der Mühle im Kylltal gekommen waren. Sie dachte an ihre kleine Tochter, die der Müller wie durch ein Wunder aus dem Jenseits zurückgeholt hatte, sie dachte daran, wie schnell doch ein Leben verlöschen konnte und ihre Gedanken trieben zu Helene.
Anna sank auf die Knie und küsste den kalten Boden. »Wir werden uns wiedersehen, meine kleine Schwester, in einer anderen Welt«, flüsterte sie.
Schnee fiel in dicken Flocken und deckte alles zu. Doch Annas tiefe Trauer war mit einem weißen Mantel nicht zuzudecken.

"Pusteblumen"

Der Schneemann

Lau der Wind, kein Blatt regt sich
der Himmel grau und Regen fällt.
Katze schleicht am Scheunentor
trist und trüb ist sie, die Welt.

Kerzengerade steigt der Rauch
dort drüben aus dem Schlot.
Winter macht sich schnell davon
hat mit dem Südwind seine Not.

Schmutziggraues Schneegebilde
ein paar Kohlen und ein Stock.
Alter Hut und eine Möhre
jetzt fehlt wirklich noch der Rock!

Einst war er ein stolzer Mann
gebaut aus Schnee und Eis.
Um ihn herum da tanzten Kinder
kühn stand er da und strahlend weiß.

Trug auf dem Kopf den schwarzen Hut
der Vater nicht mehr passte.
War's bitterkalt, verlachte er
die Sonne, die er hasste.

Wind, der aus dem Süden kam
den mochte er nicht sehr.
Nun schmilzt er still vor sich dahin
und bald schon gibt es ihn nicht mehr.

Die Welt gehört ihm ganz allein
das hatte er geglaubt.
Doch bloß ein wenig Wärme
hat ihm sein Leben schnell geraubt.

Sehnsüchtig wünschten sich die Menschen das Ende des Krieges herbei. In einer verzweifelten Aktion startete die deutsche Wehrmacht am Samstag, dem 16. Dezember des Jahres 1944, die Ardennen-Offensive. Unter dem Decknamen „Wacht am Rhein" war dies der letzte Versuch, die alliierten Truppen zurückzudrängen.

Die Ardennen-Offensive schlug fehl und Ende Januar 1945 waren die deutschen Truppen wieder in ihre Ausgangsstellungen zurückgedrängt worden. Der Versuch, entlang der Kyll eine neue Hauptkampflinie aufzubauen, scheiterte. Bei ihrem Vormarsch trafen die Alliierten kaum noch auf ernsthaften Widerstand, die deutschen Truppen flüchteten.

1945 *Anna-Lena*

Berti stand auf dem zerfurchten Acker und blickte hinüber zu den Soldaten, die in den Hecken am Feldrand neben ihren Geschützen lagerten und die ihre Waffen nach Westen gerichtet hatten. Das Dröhnen explodierender Granaten drang aus der Ferne herüber und er sah den Rauch, der aus dem Kylltal aufstieg. Kyllburg lag unter Artilleriebeschuss. Doch Berti hatte keine Angst. Schon oft hatte er die Detonationen von Bomben und das Rattern der Maschinengewehre gehört. Nie war etwas passiert, wenn man mal von dem tiefen Krater auf der Butterwiese absah. Und dann natürlich Opas alter Schuppen. *Man,* dachte Berti, *wie sind die Balken in der Luft herum geflogen, als die Bombe das Dach durchschlug.* Und er hatte es gesehen! Nein, er hatte keine Angst, schließlich hatte er ja erst gestern die Ziege in die Flucht geschlagen! Und überhaupt er war ja schließlich schon vier Jahre alt! Zugegeben mit seiner kleinen Holzschubkarre, die ihm Vater noch gebaut hatte bevor er wieder zurück zur Ostfront musste, kam er auf diesem zerfurchten Feld nicht recht voran, doch das lag eher an seinen kurzen Beinchen.

Aber was war denn das nun wieder für ein Geräusch? Berti schaute hinüber zu dem kleinen Wäldchen. »Man!«, flüsterte er und packte seine Schubkarre fester. Zwei amerikanische Jagdbomber tauchten über den Baumwipfeln auf und hielten genau auf ihn und auf die Soldaten zu. Die Flugzeuge flogen so tief, dass er sogar die Piloten sehen konnte. Blitze zuckten plötzlich aus den Bordwaffen, ein ohrenbetäubender Lärm brach los. Etwas lief auf ihn zu, wie an einer Schnur gezogen. Die Ackerkrume brach auf, machte kleine Luftsprünge, Sand und Steine flogen umher. Alle paar Meter schlugen nun Geschosse in den Boden, zischend und wütend pfeifend. Mit einem harten Ruck wurde ihm die Schubkarre aus der Hand gerissen und blieb ein Stück weiter zertrümmert liegen. Jetzt weinte Berti. Natürlich nicht wegen der Flugzeuge, nicht wegen des Lärms, nein er weinte wegen der Schubkarre!

Drüben im Dorf, nur ein paar Meter hinter ihm gingen klirrend Fensterscheiben zu Bruch. Geschosse prallten auf das Pflaster und fuhren mit wütendem Pfeifen durch die Straße. Hinter der Kirche drehten die Flugzeuge im weiten Bogen ab und griffen erneut an.

»Berti!!« Er spürte den harten Griff der Mutter, und dann fühlte er keinen Boden mehr unter den Füßen. Um ihn herum wirbelte alles. Wieder schlugen Geschosse ein, ganz nah bei ihm. Er hörte das Zischen der Kugeln und er spürte den heißen Atem seiner Mutter. Dann schlug die Haustür zu.

Zitternd sank Anna-Lena Ruthland zu Boden. Sie drückte den kleinen Berti an die Brust und weinte. Weinen, nur noch weinen. Dieser Wahnsinn, dieser Krieg wollte ihr wirklich alles nehmen. *Wann hört das Morden und das Töten endlich auf?* Sie konnte und sie wollte es nicht länger erdulden.

"Josefskapellchen"

Anna-Lena Ruthland hatte nie bereut, in die Eifel gekommen zu sein, sie hatte nie bereut, Schweden verlassen zu haben und sie hatte nie bereut, mit Johann zusammen zu leben. Auch jetzt bereute sie nichts, jetzt, da das halbe Dorf in Trümmern lag. Fest drückte sie den kleinen Berti an die Brust und dann stellte sie fest, dass ihre Gedanken im fernen Russland weilten, in Russland bei ihrem Mann Johann. Mehr als sechs Monate waren vergangen, ohne dass ein Lebenszeichen von ihm zu ihr gedrungen wäre. Und eine Stimme in ihrem tiefsten Inneren hatte schon vor langen Wochen geflüstert: er lebt nicht mehr, dein Mann, Johann ist tot. Anna-Lena wusste sehr genau, dass diese Stimme die Wahrheit sagte.

Dumpf drangen die Detonationen aus dem nahen Kylltal herauf. Bald würden sie da sein, die Amerikaner, und dann würde dieser Wahnsinn endlich ein Ende haben.

Es ging schneller, als Anna-Lena gehofft hatte. Als die Dämmerung an diesem 5. März über Wallenborn hereinbrach, da kamen sie über die Straße von Weidenbach her.

Ein lautes Klopfen an der Haustür ließ Anna-Lena aufschrecken. Kein leises, zaghaftes Pochen, nein, jemand hämmerte mit dem Gewehrkolben gegen die Tür. Ohne Angst, ohne Freude und ohne nachzudenken öffnete sie.

»Dieses Gebäude ist beschlagnahmt! Wir werden für einige Tage unser Quartier hier aufschlagen«, sagte ein Mann, der an seinem gebrochenen Deutsch und an der dunklen Hautfarbe unschwer als amerikanischer Soldat zu erkennen war. Berti ging in Deckung, griff nach dem Rockzipfel und versteckte sich hinter seiner Mutter.

»Aber...«, mehr brachte Anna-Lena auch nicht hervor, denn der Uniformierte hob nun die Maschinenpistole und drängte an ihr vorbei ins Haus, gefolgt von weiteren Soldaten. Sie fragten nicht, sondern sie belagerten, nachdem sie das Haus vom Keller bis zum Speicher gründlich auf den Kopf gestellt hatten, die Stube, die Küche und einige andere Räume. Anna-Lena setzte sich an den Küchentisch, nahm Berti auf den Schoß und sah dem

Treiben der Fremden zu. Und sie wartete, sie wartete darauf, dass einer dieser Männer sie packen würde, und ... Der Gedanke daran ließ sie erschaudern. Tränen füllten ihre Augen und laut schluchzend drückte sie den kleinen Berti an ihren Körper.

»Madam«, sagte der dunkelhäutige Soldat mit sanfter Stimme und trat zu ihr, »es wird Ihnen nichts geschehen, seien Sie ganz unbesorgt.« Er setzte sich zu ihr, kramte in seinen Taschen herum und zog schließlich eine runde, flache Dose heraus die er öffnete. »Chocolate?«, fragte er mit einem breiten Grinsen und hielt Berti ein großes Stück davon vor die Nase.

»Schokolade«, wiederholte der Kleine mit glänzenden Augen und steckte gleich das ganze Stück auf einmal in den Mund. Der Soldat lachte laut auf. Wie lange hatte Anna-Lena ein solches Lachen nicht mehr gehört, und es beruhigte sie ein wenig.

»Captain Andy Baker«, sagte der Soldat und blickte Anna-Lena tief in die Augen.

Es dauerte sehr lange, ehe sie zu einer Regung fähig war. »Ruthland ist mein Name«, sagte sie mit leiser Stimme, »Anna-Lena Ruthland.«

»Anna-Lena«, wiederholte der Soldat ein wenig besinnlich, »ein sehr schöner Name. Hunger, Anna-Lena?«

Natürlich hatte sie Hunger. Wer hatte denn in diesen letzten Kriegstagen überhaupt noch etwas zu essen? Und diese Soldaten hatten alles!

An Schlafen war in dieser Nacht überhaupt nicht zu denken. Anna-Lena drehte sich zum hundertsten Male von der einen zur anderen Seite und wieder und wieder sah sie die riesigen Steaks, die Berge von Brot ... Sie konnte sich einfach nicht mehr daran erinnern, wann sie sich zum letzten Mal sattgegessen hatte.

Die Morgensonne strahlte über den Bergen der Eifel. Einen ersten Hauch von Frühling konnte man erahnen. Als Anna-Lena auf die Straße trat, waren jedoch alle Frühlingsgefühle mit einem Mal weggewischt. Panzer, sieben oder acht standen am Rande des Dorfes. Obwohl es amerikanische Sherman-Panzer waren, so kehrte der Krieg doch augenblicklich in Anna-Lenas Herz zurück. Tod brachten sie und Vernichtung über jeden, der nicht das Glück hatte auf der richtigen Seite zu stehen. Und dann wollte sie ihren Augen nicht trauen. Auf einem dieser Panzer stand doch tatsächlich ihr kleiner Berti und blickte stolz hinab zu Captain Andy ..., wie hieß er noch gleich? Sie lief hinüber, vorbei an den Trümmern eines Hauses, vorbei an einem tiefen Bombentrichter, in dem noch ein totes Pferd lag und alle Viere von sich streckte. Sie packte Berti und der Blick, den sie nun dem Soldaten zuwarf, bedurfte keiner weiteren Erläuterung.

An diesem Nachmittag saß Anna-Lena alleine in der Stube. »Verzeihen Sie bitte, ich wollte dem Kleinen nur eine kleine Freude machen«, entschuldigte sich Captain Baker auch sogleich bei ihr.
»Captain ...!«
»Nennen Sie mich Andy.«
Und Anna-Lena tat es. »Andy, ich ..., ich möchte das nicht!« Erst jetzt bemerkte sie, dass sie den Soldaten beim Vornamen genannt hatte und sie errötete ein wenig. »Captain ..., Andy ..., ich ...«
Der Amerikaner lächelte freundlich. »Ist schon okay«, sagte er ruhig, nickte ihr zu, stand auf und ging nach draußen.
Am Abend begann es zu regnen. Berti schlief schon lange in seinem Bettchen. Über einer ausgebreiteten Landkarte disku-

tierte Captain Baker mit einem anderen Soldaten. Schließlich einigte man sich und er faltete die Karte zusammen. Der Soldat verließ den Raum. Captain Andy Baker und Anna-Lena waren alleine.

»Ich bin noch niemals einer deutschen Frau begegnet«, sagte der Amerikaner ein wenig verlegen, setzte sich zu ihr an den Tisch und stellte eine Flasche Whisky zu den beiden Gläsern die dort standen.

Sein Gegenüber lachte leise auf. »Andy ...«, Anna-Lena mochte diese Vertrautheit nicht und doch konnte sie nicht leugnen, dass sie es genoss in der Nähe dieses Amerikaners zu sein. »Andy, ich muss Sie enttäuschen. Ich bin Schwedin.«

In Andy Bakers Blick lag jetzt Verwirrung. »Ich ..., ich dachte ...«

»Es macht aber wirklich nichts«, unterbrach ihn Anna-Lena lächelnd, »ich glaube schwedische Frauen sind nicht anders als deutsche oder amerikanische.«

Andy brach das lange Schweigen, das sie plötzlich zu umfangen drohte. »Ich mag Sie sehr«, sagte er leise und blickte ihr tief in die Augen.

Ein Abgrund tat sich auf. Anna-Lena wollte sich nicht eingestehen, dass sie diesen amerikanischen Soldaten, der ihr da gegenübersaß, ebenfalls mochte. Das durfte sie einfach nicht zulassen! Da gab es doch noch Johann – vielleicht gab es ihn noch. Vielleicht aber auch nicht, vielleicht war sie mit Berti längst ganz alleine auf dieser Welt, und was dann?

»Wo ist Ihr Mann?«, wollte Andy wissen und damit trat er eine Lawine los. In Anna-Lenas Augen stiegen Tränen und schluchzend vergrub sie das Gesicht in den Händen.

»Verzeihen Sie, bitte, das war nicht meine Absicht«, sagte

Andy betroffen und griff langsam nach ihrer Hand, »der Krieg schüttelt unser Leben gewaltig durcheinander.«

Anna-Lena spürte die Hand des Soldaten tröstend auf ihrem Arm. Zitternd strich sie eine Strähne blonden Haares aus ihrem Gesicht und sie blickte in Andys Augen. Wie anders sah er aus ohne Stahlhelm, und wie sehr klopfte ihr Herz auf einmal. Ihre Hand wich zurück. Nein, das durfte nicht sein! Noch nicht.

»Was wird aus Ihnen werden?«, fragte Andy sanft und legte dabei die Stirn in Falten.

»Ich werde mit Berti hierbleiben. Irgendwie wird es schon weitergehen.«

»Es geht immer irgendwie weiter«, entgegnete Andy mit monotoner Stimme und starrte nachdenklich auf die Tischplatte. Als er nun plötzlich Anna-Lenas Hand auf seinem muskulösen Arm spürte durchflutete ihn eine Woge an Wärme. Das Verlangen nach dieser schönen Frau, die ihm dort gegenübersaß wuchs geradezu ins Unermessliche. Doch als Andy in diese blauen Augen blickte, da wurde ihm klar, dass sich seine Wünsche nicht erfüllen würden, jedenfalls noch nicht.

Das Dröhnen von Panzermotoren weckte Anna-Lena früh am Morgen auf. Stinkende Abgaswolken zogen durch die Straße, Motorenlärm umfing sie, als sie vor die Tür trat. Sie wollte es einfach nicht glauben, da stand doch ihr kleiner Berti schon wieder bei den Soldaten und er sprach mit Andy. Als Berti seine Mutter sah, rannte er zu ihr hin und noch bevor Anna-Lena ein Wort sagen konnte, plapperte er schon los. »Mama, ich habe Andy zu meinem Geburtstag eingeladen. Der ist doch morgen?«, und fragend blickte der kleine Junge in das Gesicht seiner Mutter. Mit Berti auf dem Arm ging sie hinüber zu Andy.

Verlegen lächelnd schaute er sie an. »Wir rücken ab, der Rhein, das ist unser Ziel«, sagte er mit Wehmut in der Stimme. Natürlich wusste sie, dass die Amerikaner nicht ewig bleiben würden, doch nun, da ihr klar wurde, dass Andy in wenigen Augenblicken aus ihrem Leben verschwinden würde, da war es als ginge ein Stück von ihr mit ihm. Sie versuchte die Tränen zu unterdrücken, doch als Andy sie und den kleinen Berti in die Arme schloss, da war es um ihre Beherrschung geschehen. »Komm wieder, Andy, bitte«, flüsterte sie und weinend küsste sie den Soldaten.

»Andy kann nicht auf deinen Geburtstag kommen, Berti«, sagte Anna-Lena leise, drückte den Kleinen und blickte den Panzern hinterher.

Anna-Lena sah Captain Andy Baker niemals wieder.

"am blauen Wasser"

Sie rufen Schicksalsschläge und den Tod ins Gedächtnis zurück, sie erinnern an die Pest und an den Tod, an den Himmel und an die Hölle. Wegekreuze. An den langen baumbestandenen Alleen stehen sie, an zerfurchten Feldwegen und an düsteren Waldrändern, schief, verwittert und oft von Gestrüpp umwuchert. Die alten Inschriften im Sandstein sind oft kaum noch zu entziffern, von Moos und grauen Flechten überwachsen. Doch es gibt auch die anderen, die gepflegten, die renovierten Kreuze. Und ein jedes dieser alten Kreuze weiß eine eigene Geschichte zu erzählen.

1945 Das Kreuz

Die kalte Februarsonne schaffte es nur ab und zu einen winzigen Sonnenstrahl durch die schweren grauen Wolken zu schicken, die der böige Wind über die Berge der Eifel trieb. Die 18. Volks-Grenadier-Division der deutschen Wehrmacht war in schwere Rückzugsgefechte verwickelt. Unterhalb von Kronenburg hatte man sich eingegraben und man erwartete den Angriff der 106. amerikanischen Infanterie-Division.

Ein steifer Wind wehte von Nord und ein paar Schneeflocken tanzten in der kalten Luft. Der amerikanische Soldat John Kelly robbte durch das lichte Unterholz bis hin zu dem dichten Gestrüpp, das den Wald von den Wiesen trennte. Rechts und links von ihm war ein leises Rascheln zu hören, Keuchen und gelegentlich ein rauer Fluch. Vierzig Meter vor ihnen durchschnitt eine schmale Straße die Wiesen, die zur Kyll hin leicht abfielen.

»Dort drüben bei den Hecken, da müssen sie liegen«, flüsterte Al Robins neben ihm und deutete zu ein paar grauen Holzstapeln jenseits der Straße, an die sich einige Büsche anschlossen. John sah hinüber. Das steinerne Wegkreuz an der Straße nahm ihm etwas die Sicht.

Es dunkelte schon früh an diesem trüben Tag und die Dämmerung zog allmählich auf. John Kelly kramte nach seinem Fernglas. Ein Schuss zerriss die Stille und in der gleichen Sekunde durchschlug eine Kugel den Stahlhelm des Soldaten neben ihm. Erschrocken drückte sich John in das feuchte Gras, den frischen Duft der Erde mit jedem Atemzug bebend einsaugend.

»Mensch, Al«, flüsterte er zitternd, »Perkins, direkt neben mir, den hat es gerade erwischt.«

»Halts Maul John und halte deinen Arsch unten!«, krächzte Al Robins neben ihm und starrte unvermindert hinüber zu den Holzstapeln.

Ein Schuss, noch einer und dann feuerte der Feind aus allen Rohren. John drückte das Gesicht tief ins Gras und kniff die Augen zu. Lähmende Angst packte ihn und sie wollte ihn nicht mehr loslassen. Mit kurzem metallischem Ton prallte ein Geschoss von seinem Helm ab. Bis in die Beine schüttelte es ihn. Und dieser Ton, der wollte nicht mehr aus seinem Kopf heraus. Blätter und Äste regneten auf ihn herab. Geschosse fuhren zischend und pfeifend durch die Hecken. John Kelly betete und nur Sekunden später hörte das Schießen plötzlich auf.

»John«, flüsterte Al, »alles klar bei dir dort drüben?« Ein Schluchzen war die Antwort.

»John, bist du verletzt?«

»Diese Scheißkerle, diese Schweine«, kreischte der Soldat

John Kelly.

»Nur die Ruhe, John. Wir werden sie schon kriegen, alle, darauf kannst du deinen Arsch verwetten.«

Die Worte seines Freundes beruhigten ihn nur wenig, doch in seinem Inneren, da hatten sich Angst und Wut zu einem unheilvollen Gemisch vermengt. Plötzlich lachte John leise auf.

»Schau sie dir an, Al, sie wollen die Welt knechten und dann stellen sie an den Straßen Kreuze auf!«, zischte er wütend.

»John, ist ja schon okay, beruhige dich. Wir müssen jetzt einen klaren Kopf behalten.«

»Dreckskerle, Kreuze stellen sie auf!«, fauchte John.

Wenige Minuten später griff die 106. amerikanische Infanterie-Division die deutschen Stellungen massiv an. John hatte nur Augen für das Kreuz. Er stürmte voraus, hob die Waffe und er feuerte auf das Kreuz.

»John!«, brüllte Al Robins hinter ihm, »bist du denn total verrückt, was tust du denn da!« Sie stürmten weiter vorwärts, immer weiter vorwärts.

Aus der deutschen Stellung wurde das Feuer erwidert. Al warf sich hinter den mächtigen Sockel des Sandsteinkreuzes. Sekunden später lag John Kelly keuchend neben ihm. Bevor sie weiter vorstürmten warf Al Robins noch einen flüchtigen Blick auf das Kreuz. Die Einschüsse aus Johns Waffe waren deutlich als helle Flecke in dem verwitterten Stein zu sehen, eine Kante des Sandsteinkreuzes war abgesplittert. Und dann erstarrte der Soldat. »Mein Gott, John«, flüsterte Al und schlug das Kreuzzeichen hastig vor der Brust. Auch John starrte nun auf das Kreuz und was er sah, das ließ ihm den Atem stocken. Nicht nur das Kreuz hatte er getroffen, der Jesusfigur fehlte der rechte Arm.

»Al ...«, schluchzte John, »Al ...« Kugeln pfiffen ihnen um die Köpfe und rissen sie aus der Erstarrung.

»Vorwärts John«, kreischte Al und riss seinen Freund am Ärmel. »Los, jetzt packen wir sie!«, brüllte er und stürmte los. Nebeneinander rannten sie auf den ersten Holzstapel zu und feuerten aus ihren Maschinenpistolen. John stolperte und er stürzte. Im gleichen Augenblick flog eine Handgranate zwischen den Holzstapeln heraus und sie blieb direkt neben ihm liegen.

»John!!«, brüllte Al, der dies gesehen hatte. Als hätte ihn ein Riese mit seiner mächtigen Faust gepackt, so warf ihn die Explosion zurück. Er überschlug sich, rappelte sich mühsam wieder auf. »John!«, schrie Al und stürzte zu dem reglos am Boden liegenden Freund hinüber. Dies hätte ihn beinahe das Leben gekostet. Im allerletzten Moment sah er in den Augenwinkeln die graue Figur zwischen den Holzstapeln und er sah das Mündungsfeuer der Maschinenpistole. Instinktiv rollte er zur Seite, riss seine Waffe hoch und feuerte ebenfalls. Er spürte wie Geschosse in sein Fleisch eindrangen. Ein oder zwei Kugeln in den Arm, eine in die Schulter. Die Pistole fiel ihm aus der Hand. Mit weit aufgerissenen Augen starrte er in die Dämmerung. Der deutsche Soldat war verschwunden. Das Schießen ebbte nun mehr und mehr ab. Ein paar Schüsse von irgendwoher, eine Salve, dann wurde es still. Erst jetzt spürte er die Schmerzen. John! Wo war John? »John!!«, brüllte Al in die aufziehende Nacht hinein. »John!« Gerade war er doch noch neben ihm! »John!«

Ein Wimmern ließ ihn aufhorchen, ein schwaches Flüstern. »Hier, Al, hier bin ich«, kaum zu verstehen, aber das war ohne Zweifel John! Und dort lag er, seltsam verdreht. »Gott sei Dank, du lebst, Junge. Man bin ich glücklich!«, wisperte Al und fiel erschöpft neben seinem Freund auf die Knie.

»Al, hilf mir«, stöhnte John, »hilf mir bitte.« Al hob den Kopf und beugte sich über ihn. »Komm auf, John, wir sammeln uns. Gib mir deine Hand«, und er streckte John seine entgegen.

»Al ...«, John brach in Tränen aus, »Al ...« Fassungslos starrte Al auf den blutigen Stumpf, der einmal Johns rechter Arm gewesen war.

"Frühling"

Die warme Aprilsonne leckte die letzten Schneereste von den braunen Wiesen. Tosend rauschten die klaren Wasser des Perlenbachs zu Tal. Millionen Narzissen hatten das gesamte Tal in ein gelbes Meer verwandelt. Doch das Perlenbachtal barg noch einen weiteren sehr kostbaren Schatz: Flussperlmuscheln. Jede tausendste von ihnen trug eine Perle in sich. Der Landesherr Carl Theodor von Pfalz-Sulzbach hatte in seinen Perlenregals die Muscheln unter Schutz gestellt. Wer diese Muscheln auch nur anrührte musste mit härtesten Strafen rechnen.

1752 *Der Perlenfischer*

Nikolaus Denhorst schob die Kappe zurück und blickte hinauf ins Tal. Geschafft, dachte er zufrieden. Nein, nicht länger war er nur ein einfacher Perlenfischer, denn nun war er der Oberste der Perlenfischer! Und von Perlen und von Muscheln da verstand Nikolaus eine ganze Menge!

In Oberfranken hatte er das Handwerk des Perlenfischers gelernt. Markgraf Karl-Georg Friedrich hatte im Jahre 1730 die *Grünau* besucht, und er, Nikolaus durfte ihm sogar die Hand schütteln. Und ein Jahr später stellte der Markgraf mit seiner Verordnung, dem *Perlregal* die heimischen Muscheln sogar unter Schutz und förderte damit die Perlenfischerei.

Und wie das Leben nun einmal so spielt, Jahre später verschlug es Nikolaus Denhorst in die Eifel. Natürlich an einen Perlenbach. Da war nicht die Hand einer Frau im Spiel, nein einzig Muscheln, Perlen und Wasser, das war es, was in seinem Leben zählte.

Von einem blauen Himmel strahlte die Sonne herab und ließ die klaren Wasser des Perlenbachs glucksen und gurgeln. Nikolaus ging ein paar Schritte zum Ufer hin. Forellen schossen im klaren Wasser wild umher. Der Grund des Baches war wie gepflastert, gepflastert mit Muscheln. Muschel an Muschel soweit man sehen konnte. Flussperlmuscheln. Dies war sein Reich! Er war der oberste Perlenfischer, er wachte über dieses Tal und auf ihn konnte sich der Kurfürst verlassen! Für Diebe und Langfinger würden harte Zeiten anbrechen und wenn es denn sein musste, dann würde eben der eine oder andere auch einmal baumeln müssen!

Ein paar spielende Kinder erregten sein Missfallen. Schnell hatten sie ein paar Muscheln in die Tasche gesteckt, und wenn sie Glück hatten, dann war sogar eine dabei die eine Perle in sich trug. Und wehe, er erwischte jemanden, der Muscheln stahl! Längs des Baches hatte Nikolaus Tafeln aufstellen lassen. „Hüte dich!" hatte er darauf schreiben lassen. Neben einer geöffneten Muschel, die eine Perle trug, war ein Galgen zu sehen, an dem einer baumelte. Das würden auch die dümmsten Bauern und das gemeine Volk verstehen!

Dann waren die Kinder plötzlich verschwunden, ohne dass er es bemerkt hatte. Zufrieden ging Nikolaus nach Hause, die Vorbereitungen für morgen waren noch zu treffen.

»Mama, ich kann nicht einschlafen, ich habe Hunger«, Helene schaute bittend unter der verschlissenen Decke hervor.

»Wir haben aber nichts mehr zu essen, meine Kleine«, antwortete Grethe, ihre Mutter bekümmert, und strich dem Kind tröstend durch das blonde Haar.

»Dann erzähle mir wenigstens eine Geschichte, Mama«, bat Helene.

»Nun gut.« Grethe setzte sich zu ihr aufs Stroh und zupfte die zerlumpte Decke ein wenig zurecht. »Es war einmal ein wunderschönes Burgfräulein«, begann sie, »dessen Liebster war in den Kampf gegen einen bösen Ritter gezogen. Bald schon kam die schreckliche Botschaft, dass dieser böse Ritter ihren Liebsten getötet hatte. Das schöne Mädchen ...«

»Es war doch kein Mädchen, Mama, es war ein Burgfräulein!«

»Ja, du hast Recht, natürlich war es ein Burgfräulein. Na jedenfalls war sie sehr traurig. Sie wollte nur noch alleine sein und ging deshalb hinab zum Perlenbach. Dort setzte sie sich auf einen dicken Stein und weinte bitterlich. Ihre Tränen tropften ins klare Wasser. Das sahen die Muscheln. Schnell öffneten sie ihre Schalen und fingen die Tränen des traurigen Mädchens auf.«

»Es war ein Burgfräulein!«

»Ja richtig. Nun, jede Muschel, die eine Träne aufgefangen hatte, bewahrte sie gewissenhaft auf. Und nach vielen, vielen Jahren verwandelten sich die Tränen des traurigen Burgfräuleins in wunderschöne Perlen. Und wenn man Glück hat, dann kann man in einer Muschel eine solche zur Perle gewordene Träne finden.«

»Sollen wir einmal nachschauen, ob hier eine Perle drin ist?«, flüsterte Helene und zog eine riesige Flussperlmuschel unter der Decke hervor.

»Kind!« Grethe erstarrte. »Du weißt doch, dass wir die Muscheln nicht anrühren dürfen!«

»Es hat ja niemand gesehen«, schmollte Helene.

»Ach Helene!« Bekümmert nahm Grethe die Muschel zur Hand und betrachtete sie sorgenvoll. »Kind, versprich mir, dass du keine dieser Muschel mehr anrührst. Du wirst noch Unglück über uns bringen!«

Helene war betroffen. »Ich verspreche es, Mutter«, sagte sie ganz leise und verkroch sich tief ins Stroh.

Im flackernden Schein der Kerze griff Friedrich, Grethes Mann ohne Zögern nach einem Messer, setzte es zwischen die beiden Schalen und brach die Muschel auf. Ungläubig starrte er auf die zerteilte Muschel und dann blickte er in Grethes Gesicht. »Das glaube ich einfach nicht!« Beide starrten sie nun auf die riesige bläulich schimmernde Perle, die im weißen Fleisch der Muschel lag. Noch in der gleichen Sekunde hatte Friedrich die Tafeln vor Augen, die zur Warnung entlang des Perlenbaches standen und seine Hand ging zum Hals.

»Mein Gott«, flüsterte Grethe und hielt erschrocken die Hand vor den Mund, »was sollen wir bloß tun?«

Friedrich schaute seine Gemahlin an, blickte wieder auf die Perle, die im Licht der Kerze geheimnisvoll schimmerte. »Ich weiß es nicht, Grethe«, er atmete tief, »ich weiß es nicht.«

Wie er es gelernt hatte, so hatte Nikolaus Denhorst den Perlenbach in Schläge eingeteilt, die nun alle zehn Jahre befischt wurden.

Der Tag war noch jung. Als die Sonne die ersten rosa Flecken an den Himmel malte, waren Nikolaus und seine Helfer schon dabei die ersten Muscheln aus dem Bach zu fischen. Behutsam und mit größter Sorgfalt wurden die Schalen wenige Millimeter geöffnet. Das geschulte Auge des Perlenfischers erkannte sogleich, ob die Muschel eine Perle trug, oder ob sie taub war.

Der alte Clemens streckte ihm lächelnd eine riesige Muschel entgegen. »Öffne sie Nikolaus!«

Nikolaus Denhorst betrachtete die schwarze Muschel, die beinahe die Fläche seiner Hand einnahm. Kalt und frisch fühlte sie sich an. Wunderbar. Sie roch nach einem sauberen Bach und die Wassertröpfchen auf der dunklen Schale funkelten in den ersten Strahlen der Morgensonne wie Diamanten. Zärtlich strich Nikolaus mit dem Daumen über die dunkle Schale und wischte ein paar dunkelgrüne Algenfäden beiseite. Du bist sicher älter als ich, dachte Nikolaus und betrachtete die Schönheit, die er in seiner Hand hielt voller Ehrfurcht. »Wie alt bist du, sechzig Jahre, siebzig, oder gar noch älter? Ich werde dir bestimmt nicht weh tun, das verspreche ich dir!« Er sprach zu dem Tier, wie er zu einem Menschen sprach. Nikolaus Denhorst war ein sanfter Mensch, der weder Menschen noch Tieren ein Leid zufügen konnte.

Mit aller Vorsicht setzte er das gebogene flache Eisen zwischen den beiden Schalen an und öffnete sie einen winzigen Spalt. Keine Perle. Nikolaus lächelte nachsichtig und schüttelte verzeihend den Kopf, »dann warten wir noch ein paar Jahre, Clemens«, und damit reichte er dem Alten die Muschel zurück.

»Ich hätte doch schwören können ...« Nachdenklich betrachtete der alte Clemens die schwarze Muschel, doch dann schrieb er, wie bei allen anderen auch die Jahreszahl 1752 darauf und legte sie zurück in den Bottich. »Kein guter Tag«, murmelte er verdrossen in seinen grauen Bart.

In der Tat, die Ernte war äußerst bescheiden. Nur eine von tausend Muscheln trug eine Perle, aber dennoch ... Nikolaus betrachtete die vier kleinen Perlen, die in dem mit dunklem Samt ausgeschlagenen Kästchen lagen, das vor ihm auf dem Tisch stand. Unwirklich schimmerten sie in zartem Blau. Auf das Wasser kam es an, das Wetter hatte Einfluss auf die Farbe, ja von so vielen Dingen war ihre Farbe abhängig, von so vielen Dingen. Nikolaus betrachtete die Perlen und er träumte. Ihre Schönheit stand der orientalischer Perlen in nichts nach. In gar nichts! Seine Perlen waren schön, wunderschön! Und sie waren wertvoll! Man erzählte sich, dass Papst Leo der 10. einem venezianischen Juwelier 80.000 Gulden für eine einzige Perle bezahlt hatte!

Die Sonne stieg höher und es wurde doch noch ein guter Tag. Bis spät in den Abend hatten Nikolaus und seine Perlenfischer gearbeitet. Vierundzwanzig Perlen hatten sie gefunden. Das war nicht übel, in früheren Zeiten hatte es oft viel schlechtere Ergebnisse gegeben.

Der Kurfürst wird zufrieden sein dachte Nikolaus, als er sich in später Nacht auf seinem Lager ausstreckte. Vierundzwanzig Perlen, gesunde Muschelbestände – das ist gut. Und er sah sie vor sich, die vielen kleinen und die großen Perlen in ihrem mystischen Schimmer, weiß und zartes blau, Farben die sich im Wasser wiederfanden und am Himmel. Weiß und blau, weiß und blau, dachte Nikolaus und dann versank er in tiefen Perlenträumen.

Schon seit einer Woche hingen schwere Regenwolken über der Eifel. Die Fahrwege waren aufgeweicht und mit dem Gespann war ein Fortkommen kaum noch möglich. Ein Tag neigte sich dem Ende zu, der wieder nur Regen gebracht hatte. Es dämmerte schon, als es an der Tür klopfte. Friedrich stand auf. »Wer da?«

»Ein Kaufmann, der eine Bleibe für die Nacht sucht. Das Wetter …«

"im Perlenbachtal"

"Rapsblüte"

Friedrich öffnete die Tür. Vor ihm stand ein Mann nebst Pferd, der offensichtlich auf der Durchreise war. »Gewährt mir Unterschlupf für eine Nacht, guter Mann, ich bitte Euch recht herzlich darum.«

»Führt das Pferd dort drüben in den Stall, dann kommt herein.«

Nachdem er sein Pferd versorgt hatte, trat der fremde Kaufmann ein und setzte sich zu Friedrich an den Tisch.

»Verzeiht, dass wir Euch kein Mahl anbieten können, die Zeiten sind schlecht. Wir sind keine reichen Leute, doch teile ich gerne das Wenige mit Euch.«

»Lasst gut sein, guter Mann«, antwortete der Fremde, packte seine Wegzehrung aus und legte sie auf den Tisch. »Ich bin derjenige der mit Euch teilt. Greift nur zu.«

Grethe und Helene legten sich schon bald schlafen. Der Kaufmann stellte eine Flasche roten Wein auf den Tisch. Friedrich konnte sich nicht erinnern jemals solch köstlichen Wein getrunken zu haben.

»Man munkelt, dass es hier in der Gegend einen Bach gibt mit gar großen Vorkommen an Flussperlmuscheln. Ist an diesem Gerücht denn etwas Wahres dran?«, wollte der Fremde plötzlich wissen.

Ein verlegenes Lachen. »Der Perlenbach, ja, ja, der Perlenbach. Zum Perlenbach gehört aber auch der Galgenberg, das solltet Ihr wissen, wenn Ihr solche Fragen stellt.«

Der Kaufmann warf die Stirn in Falten und er sah Friedrich fragend an.

»Den Perlenbach, den gibt es und den Galgenberg, den gibt es auch. Wer die Muscheln des Kurfürsten anrührt, ja wer sie nur anschaut, der lernt unseren gestrengen Landesherrn kennen!

Erst vor ein paar Wochen haben sie einen geschnappt, der einen Beutel Muscheln mit sich führte. Die Muscheln sollen noch nicht einmal Perlen getragen haben, dennoch hat man ihn aufgeknüpft. Ja, das geht schnell hier bei uns.«

Nachdenklich kratzte sich der Kaufmann am Kopf. »Habt Ihr schon einmal Perlen gesehen?«

»Ha«, lachte Friedrich und schlug auf den Tisch. »Ich habe kaum Muscheln gesehen, geschweige denn Perlen!«

Umständlich fingerte der Kaufmann an seinem Rock herum. Endlich zog er einen kleinen Lederbeutel hervor, öffnete ihn und schüttete den Inhalt vorsichtig auf den Tisch. Schimmernde Perlen. Friedrich betrachtete den Fremden nun äußerst misstrauisch.

»Diese winzige hier, zwanzig Gulden, diese dort fünfzig, und diese«, er rollte mit dem Finger eine Perle hin und her, die jedoch ein gutes Stück kleiner war als die, die Friedrich aufbewahrte, »diese hier hat einen Wert von mehr als einhundertfünfzig Gulden.« Er nahm die Perle zwischen Daumen und Zeigefinger, hielt sie in die Höhe und betrachtete sie.

Jetzt allmählich begriff Friedrich welchen Schatz er hütete.

»Ihr habt wirklich noch keine Perlen gesehen?« fragte der Fremde nun in einem merkwürdigen Tonfall und sah Friedrich an.

»Wie soll denn ein armer Tagelöhner wie ich es bin zu solchen Schätzen kommen?«

»Ich will es Euch gerne sagen: indem Ihr die Muscheln stehlt, genau wie es die Bauern getan haben, denen ich diese Perlen abgekauft habe.«

Friedrich erstarrte. Konnte er diesem Menschen denn wirklich trauen? Hundertfünfzig Gulden für eine Perle, die noch nicht einmal halb so groß war wie die seine! Hundertfünfzig Gulden! Er konnte es nicht fassen. Not und Hunger hätten ein Ende.

»Ich weiß, Ihr traut mir nicht über den Weg, mein Freund. Das verstehe ich nur zu gut. Ich bin ein Fremder. Doch bedenkt, Ihr besitzt vielleicht einige Perlen, könnt aber nichts damit anfangen. Ich gebe Euch Geld und damit könnt Ihr Euch und Eure Familie über viele Jahre ernähren.«

Was sollte er tun? Vielleicht lag es ja an dem Wein, plötzlich drehte sich alles um ihn herum. Friedrich umklammerte die Tischplatte. Schweißtropfen traten ihm auf die Stirn. Was sollte er tun?

»Was ist mit Euch?«, fragte der Kaufmann und griff nach Friedrichs Hand.

»Nichts, nichts«, beeilte der sich zu sagen, »mir geht's gut.«

Der fremde Mann beugte sich weit über den Tisch. »Ich verstehe Euer Misstrauen«, flüsterte er, »doch es ist wirklich nicht angebracht. Meine Perlen verkaufe ich in Amsterdam. Wenn Ihr über welche verfügt, so würde ich sie Euch gerne abkaufen. Es ist ein gutes Angebot. Denkt darüber nach.«

Die Kerze flackerte und im Kamin erlosch ein Holzscheit knisternd mit einer dünnen Rauchfahne. Hin und hergerissen, was er denn tun solle, nahm Friedrich einen kräftigen Schluck Wein. Dann stand er auf, ging zum Kamin und pulte aus einer Ritze zwischen den Steinen seine Perle. Neben den Perlen des Kaufmanns, dem es nun die Sprache verschlug, nahm sich seine Perle riesig aus.

»Hundertfünfzig Gulden ist Eure größte Perle Wert? Welchen Wert hat denn diese?«

Geradezu ehrfürchtig nahm der Kaufmann die Perle zwischen

die Finger, zog die Kerze etwas näher heran und betrachtete die schimmernde Kugel im flackernden Schein. »Den wirklichen Wert dieser Perle kann ich Euch nicht zahlen. Soviel besitze ich nicht«, sagte er leise und legte sie vor Friedrich zurück auf den Tisch.

Diesem ging schon wieder der Schweiß aus. Fassungslos betrachtete er seinen Schatz.

»Tausend Gulden, nein, sie ist noch weit mehr wert«, sagte der Kaufmann und lehnte sich zurück. »Zweihundert Gulden kann ich Euch geben, mehr habe ich nicht.«

Soviel Geld würde Friedrich niemals in seinem Leben besitzen, auch wenn er jeden Tag von früh morgens bis in die späte Nacht schuften würde. Er schaute dem fremden Kaufmann tief in die Augen. »Ich habe keine Wahl, nicht wahr. Ihr scheint mir ein ehrlicher Mann zu sein. Ich bin einverstanden. Zweihundert Gulden.«

Der Fremde streckte die Hand aus. »Einverstanden. Es wird nicht zu Eurem Schaden sein.«

Die Morgensonne drängte zwischen den Wolkenfetzen hindurch, die der Wind über die Eifelberge trieb. Dunst stieg aus den tropfnassen Wiesen auf. Der Kaufmann war in der Frühe abgereist. Friedrich stand vor seiner erbärmlichen Hütte und blickte zum Wald hinüber. Er hatte kein gutes Gefühl. Die Muscheln gehörten dem Kurfürsten und die Perlen, die sie in sich trugen auch. Und er hatte den Kurfürsten bestohlen! In seinem ganzen Leben hatte er noch niemals einem anderen etwas weggenommen und nun hatte er dem Kurfürsten eine Perle gestohlen, die tausende Gulden wert war. Tausende! Der Morgen war kühl und dennoch rannen kleine Schweißtropfen an seinen Schläfen

"wilde Wasser"

herab. Friedrich konnte sich nicht entschließen irgendetwas zu tun. Zuletzt ging er in den Stall, trieb die Ziege, die sich meckernd sträubte hinaus und strickte sie an einen Pfahl. »Friss nun, dummes Vieh!«

Unschlüssig stand er vor seiner Hütte, als Grethe zu ihm trat und ihn am Arm fasste. »Es wird bestimmt gut gehen, Friedrich! Eine solche Gelegenheit durften wir nicht auslassen!«

»Wenn das rauskommt hängen sie mich.« Friedrich sprach die Worte nicht zu seiner Frau, er sprach zu sich selbst.

»Wer sollte das schon herausfinden?«

»Hm«, Friedrich atmete tief, »es gibt mehr Scheißkerle auf dieser Welt als du denkst.«

Am Nachmittag hatte es wieder zu regnen begonnen. Kein Wind regte sich. Gleichmäßig prasselten die Tropfen nieder. Früh legte sich die Dämmerung über die Eifel und der aufsteigende Dunst verhüllte die Bergkuppen.

Friedrich brach vom harten Brotkanten kleine Stücke ab und warf sie in die Ziegenmilch. »Hier Helenchen, ich hoffe, es schmeckt dir«, sagte er und schob seiner kleinen Tochter den Teller hin. »Morgen werde ich zum Markt nach Monschau gehen und dann wird es für uns ein Festmahl geben.«

Das Schnauben von Pferden war von draußen zu hören. Stimmen. Dann klopfte es an der Tür. Als Friedrich öffnete stand er einem Soldaten gegenüber, der ihn brüsk beiseite stieß und eintrat. Weitere Soldaten drängten nach. Zwei von ihnen packten Friedrich. Zuletzt trat ein Offizier in die Stube. Friedrich kannte das Gesicht, doch er wusste nicht genau wem er es zuordnen sollte. Der Soldat trat auf Friedrich zu und blickte ihn scharf an. »Perlen«, sagte er leise, »große Perlen.«

Der Kaufmann! Eine üble Falle! Friedrich sagte nichts, er nickte nur als sie ihn abführten. »Friedrich!«, schrie Grethe und wollte sich an ihren Mann klammern, doch zwei Soldaten stießen sie brüsk zurück. Völlig verängstigt kauerte Helene in einer Ecke und verfolgte das Geschehen mit angstgeweiteten Augen.

Dann schleppten sie Friedrich nach Monschau. An den Händen gebunden lief und stolperte er vorbei an eng beieinander stehenden Fachwerkhäusern, durch schmale Gassen hinab zur Rur.
Dort wo der Laufenbach in die Rur mündet, waren sie dabei ein mächtiges Gebäude zu errichten. Friedrich hatte davon gehört. Monschau war die Stadt der Tuchmacher und einer von ihnen, Johann Heinrich Scheibler ließ dieses Gebäude errichten.
Die Fesseln schnitten tief in Friedrichs Handgelenke. Alles hätte er hätte für einen Schluck Wasser aus dem Bach gegeben. Schließlich stießen sie ihn hinab in einen düsteren Kerker. Hinter ihm schlug die Tür zu. Stille. Erst nach einer ganzen Weile sagte ihm das leise Stöhnen irgendeiner geschundenen Kreatur, dass er hier unten nicht alleine war. Doch das spielte nun auch keine Rolle mehr. Kraftlos sank Friedrich zu Boden.

Sonnenlicht fiel durch das vergitterte Fenster in einem schmalen Streifen in den Raum. Mit einem Knarren öffnete sich die Kerkertür. In gebückter Haltung bewegte sich ein Mann durch die niedrige Türöffnung. Wortlos setzte er sich auf einen Mauervorsprung, in unmittelbarer Nähe Friedrichs. Lange starrte er auf den hellen Flecken Sonnenlicht, der sich auf dem feuchten Boden abzeichnete. »Es sieht gar nicht gut aus für Euch«, sagte er dann leise. »Ich halte es immer so, dass ich mit denen, die meine Muscheln stehlen ein paar Worte unter vier Augen spreche. Das ist gut für die Seele, für meine Seele. Nikolaus Denhorst ist mein Name. Ich bin Perlenfischer.«

Friedrich wagte kaum den Mann anzuschauen.

»Warum stielt ein unbescholtener Mann, wie Ihr es seid, des Kurfürsten Perlen? Und dann noch eine Solche! Sagt es mir, ich bitte Euch wirklich darum.«

Was sollte es nützen mit diesem Mann zu sprechen, dachte Friedrich und schwieg.

»Euer Weib und Euer Kind werden betteln gehen. Sie werden Hunger leiden. Vielleicht findet Euer Weib ja eine Stelle als Magd. Und Euer Kind? Na, was soll aus ihm werden?« Damit hatte der Perlenfischer Friedrichs schwache Stelle getroffen. *Helenchen, was würde aus ihr nur werden?* Grethe könnte sich wohl durchschlagen, aber die kleine Helene?

»Sagt mir ganz einfach die Wahrheit, vertraut mir. Ich werde mein Wissen nicht gegen Euch verwenden.«

»Vertrauen in einen Fremden hat mich hierher gebracht«, flüsterte Friedrich bitter, »und wenn Gott sich nicht erbarmt, dann wird dieses Vertrauen mich an den Galgen bringen.«

»Erzählt mir die Wahrheit und ich verspreche, dass ich Euer Kind im Auge behalten werde.«

Die Sonne war weiter gezogen. Zurück blieb ein Fleck trüben Lichtes auf dem Kerkerboden. Friedrich starrte darauf, als läge hier der Schlüssel zu seiner Rettung verborgen. Er versuchte nachzudenken.

»Was habt Ihr zu verlieren, wenn Ihr mir die Wahrheit anvertraut? Sagt es mir. Und noch einmal verspreche ich Euch, mein Wissen nicht gegen Euch zu verwenden.«

Bei dem Gedanken an die trostlose Zukunft der kleinen Helene brach Friedrichs Welt auseinander. Irgendwie begriff er, dass wenn überhaupt eine Rettung möglich war, diese nur durch diesen Mann erfolgen konnte.

»Sie brachte die Muschel vom Spielen nach Hause«, begann Friedrich mühsam zu sprechen. »Eine einzige Muschel«, murmelte er mit erstickter Stimme. »Grethe musste Helene jeden Abend die Geschichte der Perlen erzählen«, seine Stimme versagte. »Helenchen ...«, flüsterte Friedrich heiser.

Nikolaus Denhorst antwortete nicht.

»Wenn Gott Euch denn eine Seele gegeben hat, dann tut etwas für mein Kind«, bat Friedrich flehentlich. »Ich bitte Euch darum, um sonst nichts!«

Lange dauerte es, bis der Perlenfischer antwortete. Er tat es leise und er sprach sehr langsam. »Ihr hättet Euer törichtes Handeln zuvor bedenken müssen. Ihr seid es, der den Kurfürsten bestohlen hat. Ich will tun was in meiner Macht steht, aber habt keine allzu große Hoffnung!« Nikolaus Denhorst erhob sich und ging wortlos hinaus.

Lange, sehr lange blickte nun der alte Richter Friedrich in die Augen, zu dessen Linker und Rechter jeweils zwei Uniformierte standen. »Wie ist dein Name?«, wollte der Richter schließlich wissen.

»Mein Name ist Friedrich Bärsch.«

»Du hast Frau und Kind«, bemerkte der Richter mit Blick auf seine Unterlagen.

»Ja, das ist richtig.«

Wieder blickte der Richter lange in Friedrichs Augen. »Warum tust du dann so etwas?«

Auf diese einfache Frage wusste Friedrich keine Antwort. Beschämt schlug er die Augen zu Boden.

»Arbeitest du?«

»Ich arbeite im Tagelohn.«

»Aha. Du wirst beschuldigt unserem Kurfürsten Carl Theodor diese edle Perle gestohlen zu haben.« Behutsam öffnete der Richter ein kleines Holzkästchen. Auf dunkelblauem Samt schimmerte die riesige Perle. Ohne Zweifel war es seine Perle. »Ist es so?«, fragte der Richter nun mit schneidender Stimme.

»Ja, es ist so«, antwortete Friedrich. Ihm war gar nicht in den Sinn gekommen irgendetwas abzustreiten.

»Notiere er das«, bedeutete der Richter dem Schreiber, der rechts von ihm an einem Pult saß.

»Der Perlenfischer Nikolaus Denhorst trete herbei«, sagte der Richter in die Runde. Nikolaus stand auf und trat vor.

»Auf welchen Preis schätzt er diese Perle?«, war des Richters

Frage.

Obwohl er sie schon hundertmal und öfter betrachtet hatte, so nahm Nikolaus abermals die wertvolle Kugel vom blauen Samt, hielt sie ganz vorsichtig zwischen Daumen und Zeigefinger und schaute sich die Kostbarkeit genauestens an. Lange prüfte er die Perle, bevor er sie vorsichtig in die Schatulle zurücklegte. »Zwanzigtausend Gulden, Euer Ehren«, war seine Knappe Antwort. Aufgeregtes Gemurmel im Saal.

»Am Perlenbach stehen Tafeln. Auf diesen Tafeln ist dargestellt, was mit jenen geschieht, die Muscheln oder gar Perlen stehlen.«

An Händen und Füssen hatten sie ihn gebunden und nun spürte Friedrich auch den Strick am Hals. Für sein Leben gab er keinen Pfifferling mehr. Zwanzigtausend Gulden hatte er dem Kurfürsten gestohlen. Dafür würde er hängen! Das war jetzt so sicher wie das Amen in der Kirche.

»Hast du eine solche Tafel schon einmal gesehen?«

Friedrich nickte.

»Und warum hast du dennoch diese Perle gestohlen?«

Was sollte er darauf antworten?

»Der Beschuldigte antwortet nicht auf meine Frage«, murmelte der Richter seinem Schreiber zu. »Das ist aber auch nun nicht mehr nötig. Ich denke die Sachlage ist sehr eindeutig.«

Prozesse solcher Art wurden öffentlich geführt. Es lag durchaus im Interesse des Kurfürsten, dass Jedermann erfuhr was geschah, wenn man die Gesetze nicht einhielt. So war es auch weiter nicht verwunderlich, dass es im Gerichtssaal keinen freien Platz mehr gab.

»Der Beschuldigte erhebe sich«, forderte der alte Richter Friedrich auf. »Ich verurteile Euch zum Tode durch den Strang.«

Der Richter ließ den Hammer niedersausen, stand auf und verließ den Saal.

Friedrichs Leiche baumelte drei Wochen vom Galgen, droben am Galgenberg. Eine Warnung für all jene, in denen der Gedanke schlummerte, sich an den Muscheln des Kurfürsten gütlich zu tun.

Obwohl selbst nicht mehr jung an Jahren, nahm Nikolaus Denhorst dennoch die kleine Helene in seine Obhut und Friedrichs Ehefrau Grethe führte lange Jahre den Haushalt des Perlenfischers.

Wasser

*Wildes Wasser kalt und klar
strömet aus des Berges Schlund
fiel einst als Schnee vor Tag und Jahr
schleift selbst den harten Kiesel rund.*

*Plätschernd Wasser, schäumend Gischt
rauschend stürzet es zu Tal
klare Wasser, Sonne bricht
durch hohe Tannen dunkel, fahl.*

*Die Wasser von der Berge Hängen
durch wilde Schluchten und Gestein
sich mühsam durch die Felsen zwängen
tauchen bald in Wiesen ein.*

Der Strom im Tal, er nimmt sie auf
lenkt sie auf breiten Wegen
zieht in seinem ruhigen Lauf
dem weiten Meer entgegen.

Tausend Jahre wie ein Tag
den Wassern ist es gleich
doch der, der lebt wie er es mag
den macht das Leben wirklich reich.

"Frühlingswald"

Die Heimat verlassen, alles hinter sich lassen – auswandern – dies ist gewiss keine einfache Entscheidung. Es müssen schon schwerwiegende Gründe herhalten, wenn ein Bauer seine Heimat endgültig und für immer verlässt. Manch einer wurde gewiss gelockt von Erzählungen über Länder, in denen alles möglich schien.

1872 *Abschied*

Ein warmer Frühlingstag neigte sich allmählich seinem Ende entgegen. Die Strahlen der Abendsonne tauchten den schmalen Weg, der von der Looskyller Mühle entlang der Kyll nach Auw führte, in goldenes Licht. Am Fluss standen die Weiden im frischen Grün.

Annas Herz klopfte viel zu schnell, wie sie dort auf der hölzernen Brücke stand und sehnlich auf ihren Johann wartete. Was mochte das denn nur Wichtiges sein, was er ihr heute zu sagen hatte?

Wallend fiel das lange blonde Haar über ihre Schulter und das schwarze Mieder betonte ihren schlanken Körper. Über dem weißen Leinenkleid trug sie eine dunkelblaue Schürze und Vater hatte Anna heute sogar erlaubt, ihre besten Schuhe zu tragen.

Schon wieder flogen ihre Gedanken zu ihrem Liebsten. Doch da war noch etwas anderes, etwas Fremdes! Da war ein leises Murmeln, geflüsterte Worte, aber Worte die sie nicht verstehen konnte. Und woher kam dieses Wispern denn überhaupt? Erschrocken blickte sie sich um, schaute zu den alten Bäumen empor und schließlich blickte sie hinab zu dem Wasser, das gurgelnd und murmelnd und flüsternd unter der Brücke hindurch strömte. Die Kyll! Die Kyll raunte ihr diese Worte zu.

"der Frühling kommt"

Zuerst nahm Anna nur ein paar Silben wahr, ein Rauschen und ein Zischeln, doch je intensiver sie lauschte, umso mehr verstand sie. Und dann waren plötzlich richtige Worte da. Ja, aus dem Gurgeln des Wassers drangen nun Worte an ihr Ohr.

»Geh' nicht fort von hier, Anna, es wird dein Unglück sein. Bleibe hier, dies ist deine Heimat und hierher gehörst du! Dieses Tal ist deine Welt und es wird sie immer sein.«

»Ich will überhaupt nicht fort von hier!«, antwortete sie entrüstet, ohne lange darüber nachzudenken, wieso sie plötzlich das Murmeln der Kyll verstehen konnte.

»Der Fluss kennt unser Leben«, hatte Vater ihr vor vielen, vielen Jahren einmal erzählt, damals als sie noch ganz klein war. Das war nun schon sehr lange her, doch sie hatte diese Worte niemals vergessen. »Er kennt unsere Vergangenheit und er kennt auch unsere Zukunft, der Fluss weiß alles. Er ist sehr alt und er ist sehr weise, höre auf seine Worte, Anna, wenn er einmal zu dir spricht«, sagte Vater einst und wurde dabei sehr ernst. Anna hatte Vaters Worte damals nicht verstanden, dafür war sie noch zu klein gewesen, doch heute, heute hatte sie den Fluss verstanden und er hatte ihr einen gehörigen Schrecken eingejagt.

Johann kam den Weg herunter. Glücklich lachend schwenkte er den Hut. Als Anna ihn daherkommen sah, gerieten die Worte der Kyll schnell in Vergessenheit. Glücklich lag sie in Johanns Armen und ließ sich wiegen.

»Anna«, sagte Johann und aufgeregt fuhr er fort, »eine wunderbare Neuigkeit: Wir wandern nach Amerika aus! Was sagst du dazu?«

Wie betäubt starrte Anna Johann an, konnte kaum glauben, was sie gerade gehört hatte und augenblicklich waren die Worte des Flusses wieder gegenwärtig: Geh' nicht fort von hier, denn es wird dein Unglück sein!

»Warum?«, stammelte sie, »warum sollen wir denn unsere Heimat denn verlassen?«

Unverständnis legte sich auf Johanns Gesicht. »Anna, wir ...,

wir werden reich! In Amerika ist alles möglich!«

»Aber ...«, Tränen stiegen ihr in die Augen. »Aber hier sind wir doch glücklich, hier ist doch unser Zuhause. Warum sollen

"im Frühling"

wir das alles zurücklassen, um vielleicht reich und vielleicht sehr unglücklich zu werden?«

»Anna, warum diese Zweifel? Liebst du mich nicht mehr?«

Nun kullerten Tränen über Annas Wangen. »Gerade weil ich dich sehr liebe, möchte ich mit dir hier leben und nicht in Amerika. Hier können wir glücklich sein. Wozu brauchen wir denn Amerika?«

»Anna.« sagte Johann nun ein wenig ärgerlich, »ich dachte du würdest dich freuen.«

»Ich würde mich sehr freuen, wenn du mich zur Frau nehmen würdest«, entgegnete sie mit dünner Stimme, »und wenn du hier mit mir leben würdest.«

»Anna!«

Sie wand sich aus seinen Armen. »Ich werde Vater nicht alleine lassen und meine Geschwister auch nicht. Hier bin ich glücklich und hier werde ich bleiben!«

»Anna!«, schleuderte Johann ihr erbost und enttäuscht entgegen.

Sie wandte sich von ihm ab, suchte Halt am hölzernen Geländer der alten Brücke und starrte auf das gurgelnde Wasser. »Dein Platz auf dieser Welt ist hier, hier an diesem Ort«, raunte der Fluss ihr zu und Anna begriff nun die Worte. Mit wildem Kopfschütteln sah sie Johann an. »Wenn du Amerika mehr liebst als mich, dann musst du gehen, Johann, aber dann musst du alleine gehen!«

»Anna«, murmelte Johann leise und mit bebender Stimme, »Anna, ich liebe dich! Wir müssen zusammen bleiben und darum musst du mitkommen.«

Wieder schüttelte sie den Kopf, »beweise es, beweise, dass du mich liebst, Johann, bleibe hier.« Aus traurigen Augen, in denen die Tränen schimmerten, schaute Anna ihn nun an. »Du liebst mich nicht wirklich, lebe wohl, Johann«, sagte sie mit erstickter Stimme, strich eine Strähne blonden Haares aus der Stirn und lief zurück zur Mühle. Johann folgte ihr nicht. Seine tiefe Enttäuschung wandelte sich nun in Wut und zornig stapfte er den Weg zurück nach Auw.

Johann liebte Amerika mehr als seine Anna. Er verließ die Eifel am 18. September 1872. Da er keinen Heller in der Tasche hatte, heuerte er in Antwerpen auf einem schäbigen verrosteten Frachter an. Auf dem Weg in die neue Welt geriet das Schiff in schwere See und es sank schließlich vor Neufundland. Alle Männer ertranken im eisigen Wasser des Nordatlantiks.

Die schöne Anna blieb nicht lange alleine. Schon bald heiratete sie einen jungen Burschen von der Speicherer Mühle, schenkte ihm fünf gesunde Kinder und lebte viele Jahre glücklich an der Kyll.

"Kapelle am Maar"

Es waren dunkle Jahre, die die Menschen Ende des 16. Jahrhunderts, nicht nur in der Eifel, zu durchschreiten hatten. Vorsichtig musste man sein, mit dem, was man sagte und was man tat. Doch auch der, der glaubte nichts Falsches getan zu haben, auch dem konnte es sehr schnell an den Kragen gehen.
Der Trierer Weihbischof Peter Binsfeld war es, der Not und Elend in die Dörfer der Eifel brachte und unter dem es zu den schlimmsten Hexenverfolgungen im Kurfürstentum Trier kam.

1590 Die Frau des Schmieds

Knarrend und ächzend holperte der einachsige Karren über den buckeligen Feldweg hinab ins Tal. Reglos wie immer hockte der alte Thias vorn auf dem Bock und hielt die Zügel lose in den Händen. Es war nicht mehr nötig seiner klapprigen Mähre irgendwelche Anweisungen zu geben, zu oft schon waren beide diesen Weg gegangen. Vergeblich versuchte Susanna, die Frau des Schmieds, sich an der hohen Seitenwange des schwankenden Karrens festzuklammern und doch wurde sie heftig hin- und hergeworfen. Mit daumendicken Hanfstricken hatte man die beiden anderen Frauen festgebunden. Aus eigener Kraft konnten sie sich nicht mehr auf den Beinen halten. Die Stadt lag nun eine halbe Stunde hinter ihnen und bald schon würden sie ihr Ziel erreicht haben.

Felder und bunte Blumenwiesen säumten jetzt den Weg. Als kleines Mädchen hatte Susanna hier draußen Blumen gepflückt, mit strahlenden Augen der Mutter den Strauß nach Hause gebracht, roter Mohn, Kornblumen und blauer Storchenschnabel. Bilder der Kindheit flogen schnell vor ihren Augen vorbei.

Dumpf polterte der Karren über die hölzerne Brücke. Erinnerungen an vergangene Tage, keineswegs verblasst, nein, genauso lebendig wie vor Jahr und Tag. Jakob, ihr Mann, hatte sie hier zum ersten Mal berührt. Als wäre es erst gestern gewesen, so deutlich erinnerte Susanna sich an jenen lauen Sommerabend vor siebzehn Jahren. Jakob, wie viel Liebe hatte er ihr geschenkt! Ihr Leben war schön gewesen, auch wenn sie immer bettelarm waren, doch das waren alle anderen auch. Nie hatte Jakob sie geschlagen, war immer gut zu ihr und ihre fünf Kinder hatten ihnen viel Freude bereitet. Susanna versank tief in fernen Träumen.

Leise stöhnend versuchte eine der beiden anderen Frauen eine Hand zu heben. Blut quoll durch die weiße Leinenkutte. Susanna blickte auf ihre eigene Hand. Zerquetscht und blutig, kaum noch als ein menschliches Gliedmaß zu erkennen. Spitze Holzstückchen hatten sie ihr unter die Fingernägel getrieben. Sie spürte es nicht mehr und sie spürte auch nicht mehr die verbrannte Haut, dort wo sie das glühende Eisen gepresst hatten. Die Streckbank war ihr erspart geblieben. Den beiden anderen nicht, die Gelenke ausgekugelt, die Sehnen zerrissen.

Vor ihnen tat sich nun die weite Talaue auf. Tiefhängende schwarze Wolken trieb der auffrischende Wind von Westen heran. Tiefes Donnergrollen in der Ferne. Drei Scheiterhaufen von der gaffenden Menschenmenge umringt, die, obwohl beinahe jede Woche Hexen verbrannt wurden, immer wieder den Weg vor die Tore der Stadt fand.

Bereits ein Jahr zuvor, 1589 hatte der Trierer Weihbischof

Binsfeld mit seinem furchtbaren Traktat *Tractatus confessionibus maleficarum et saguarum*, den Grundstein für die erbarmungslose Verfolgung der Hexen gelegt. Mit seinem Werk brachte er Not und Elend über das ganze Volk im Herrschaftsbereich des Kurfürstentums Trier.

Der einzige Mensch auf dieser Welt, der weiß, dass ich keine Hexe bin, bin ich selbst und Jakob, dachte Susanna und blickte sehnsüchtig zu den schwarzen Wolken empor. Alle Angst war gewichen. Das Feuer war ganz sicher schmerzhaft, doch schlimmer als die Folter konnte es nicht sein. Und wenn sie das überstanden hatte würde es niemanden mehr geben, der ihr noch einmal so wehtun konnte. Heute endete ihr Leben. Und es war keine Hungersnot, kein Unglück und keine tückische Krankheit, die ihr das Leben nahm, es waren Menschen, die das taten, Menschen, die an den gleichen Gott glaubten wie sie.

Ihr Herz sank. In der johlenden Menge erkannte sie Jakob und die Kinder. Die kleine Magda hielt das noch kleinere Peterchen fest an der Hand. Und obwohl sie mit ihrem Leben längst abgeschlossen hatte, schossen ihr nun Tränen in die Augen. »Oh Gott, warum tust du mir das an? Warum nur? Was habe ich bloß falsch gemacht?«, schluchzte sie und wandte sich weinend ab.

Jäh hielt der Karren an. Zwei Büttel griffen Susanna, zerrten sie vom Wagen und führten sie hinüber zum Scheiterhaufen.

»Mama«, hörte sie eine helle Stimme rufen, doch sie konnte ihre Kinder durch den Schleier der Tränen nicht mehr entdecken. Um den Pfahl legten sie ihr die Hände und banden sie auf dem Rücken. Der Büttel sah sie an, lachte hämisch und hielt die lodernde Fackel in die Höhe. Dann entzündete er die Reisigbündel unter den Holzscheiten. Zischen, Knacken und dann schoss eine wilde Stichflamme durch die schweren Scheite. Susanna

"Sommerwiese"

"Burg Bruch"

warf den Kopf zurück, schloss die Augen. Eine Wolke glühender Luft raste auf sie zu. Den Geruch von versengtem Haar nahm sie noch wahr. Dann war Stille.

Die schweren Gewitterwolken berührten die Berge. Ein betäubender Donnerschlag ließ die Scheiterhaufen und die gesamte Auwiese krachend erbeben. Manch einer zog erschrocken den Kopf ein und sah ehrfürchtig zum schwarzen Himmel empor.

An Susannas Leinenkutte züngelten Flammen empor, doch die Holzscheite unter ihren Füßen wollten nicht richtig Feuer fangen. Auch die lodernden Reisigbündel begannen allmählich wieder zu verlöschen.

Auf einen blendenden Blitz folgte ein fürchterliches Krachen und eine mächtige Tanne zerbarst. Regen fiel, dicke schwere Tropfen, immer mehr, immer stärker. Pater Egidius tuschelte mit dem dicken Pfaffen an seiner Seite. Helle Aufregung unter den Mönchen hinter den beiden Geistlichen. Susanna konnte es in der Düsternis und durch den beißenden Qualm nur schemenhaft erkennen.

Die schweren Wolken entluden sich nun vollends. Grelle Blitze zuckten, denen Sekunden später wütende Donnerschläge folgten. Den beiden lodernden Scheiterhaufen konnte der Regen nichts mehr anhaben, doch beim Dritten erloschen allmählich die Flammen.

Mit zitternden Knien bestieg Pater Egidius den Rand des noch immer schwelenden Scheiterhaufens. Susanna schloss die Augen und legte den Kopf zurück. Dunkle Rauchschwaden raubten ihr die Luft zum Atmen. Bedächtig hob Egidius die Hand, blickte verstört um sich. Erst jetzt verstummte die Menge allmählich. Regen fiel.

»Der Herr, unser Gott hat uns ein Zeichen gegeben.« Das

Sprechen fiel dem alten Pater sichtlich schwer. Mit bebender Stimme redete er weiter: »Menschen können sich irren, doch der Herr«, und dabei hob er wieder die Hand zum Himmel, ballte die Faust und seine Stimme schwoll an, »der Herr unser Gott irrt niemals! Dieses Weib dort«, er drehte sich zu Susanna um, »sie ist keine Hexe!« In kleinen Bächen lief der Regen aus seinem strähnigen Haar und tropfte aus seinem eisgrauen Bart. Die braune Kutte klebte mehr und mehr an seinem␣ füllligen Leib. »Wir sind einem schlimmen Irrtum erlegen«, sagte er leise, beinahe flüsternd. »Bindet sie los. Herr, vergib uns unsere Schuld.«

Wunder

*Die Ähre neigt sich sanft im Wind,
zur abendlichen Stille.
Selbst die Schnake, wie ich find,
sie ist nach Gottes Wille.*

*Blumenpracht am Wegesrand,
roter Mohn in Fülle.
Kleines Blümlein unbekannt,
duftende Kamille.*

*Libellen schwirren dort am Teich,
leuchtend gelb und blau.
Kleiner Frosch, wie heißt er gleich?
Weiß nicht mehr ganz genau.*

Regenbogen spannt sich weit,
vor dunkler Wolkenschar.
Ein Sinnbild der Vergänglichkeit,
und dennoch wunderbar.

Mit off'nen Augen siehst du sie,
die Wunder der Natur.
Der And're der entdeckt sie nie,
ihn stört die kleine Fliege nur.

Wunderschön ist unsre Erde,
es streichelt mich ein lauer Wind.
Ich sehne mich, auf das ich werde,
einmal noch zu einem Kind.

Es ist kein prunkvolles Bauwerk und keine aufwendige Kapelle, das bescheidene Heiligenhäuschen am Westhang des Spangerbach-Tales. Putz bröckelt von den getünchten Wänden und Rost nagt am verbeulten Blech des Daches. Ein paar Bäume vertreiben mit ihrem Grün den Eindruck des totalen Zerfalls. Das kleine Bauwerk gibt einigen Madonnenstatuen Heimat, und vor allem beherbergt es einen Gedenkstein, der an das tragisches Geschehen des 25. Juni 1891 erinnert.

1891 Gertrud und Matthias

Regen fiel aus schweren Wolken, der Tag neigte sich. Aus den Zimmerecken kroch die graue Dämmerung. Im Haus war es still – totenstill. Flackernd fiel das Licht der dicken gelben Kerze auf das einfache Kreuz aus dunklem Holz, das neben dem alten Schrank in der Zimmerecke hing. Davor ein kleiner Strauß getrockneter Feldblumen, deren verblasste Farben kaum noch etwas von ihrer früheren Pracht erahnen ließen. Gertrud hatte ihn gepflückt und mit strahlenden Augen der Mutter geschenkt.

Mit einem Mal verlöschte die Kerze, was blieb war ein dünner Rauchfaden, der in kleinen Kringeln zur Decke aufstieg und allmählich verschwand. Dann war da nur noch die öde, graue, alles verschlingende Finsternis.

Sie war schön, die Frau die dort am Tisch saß, schwarz gekleidet, den Kopf müde in die Hand gestützt und apathisch auf die Tischplatte starrend. Tiefe Furchen hatten Trauer und Gram in das ebenmäßige Gesicht gegraben. Weinen konnte sie nicht –

sie hatte keine Tränen mehr. Gerti und Matthias waren tot. Nie wieder würde sie das Kindergeschrei hören, das sie manchmal schon ein wenig genervt hatte, nie wieder würde sie die beiden an ihr Herz drücken können, nie wieder, nie wieder...

"Mohnwiese"

Es waren sehr heiße Tage, die hinter ihnen lagen, doch gerade richtig um das Heu einzubringen. Die ersten Strahlen der Morgensonne fielen bereits schimmernd durch das Geäst des riesigen Nussbaums, der gleich hinter dem großen Misthaufen stand. Schwalben segelten im kühnen Flug durch den Hof, auf der Jagd nach einem Frühstück für ihre Brut. Bedächtig stapfte der alte Wilhelm vor die Tür, streckte sich und zupfte seine Hosenträger ein paar Mal zurecht, schnaubte, wischte sich mit dem Handrücken die Nase und schaute prüfend zum Himmel hinauf.

»Was meinst du?«, erkundigte sich Vater, der nun zu ihm trat und ebenfalls in den blauen Morgenhimmel blickte, wo ein paar kleine weiße Wolken gemächlich gen Osten zogen.

»Ich denke wir sollten zusehen, dass das Heu bald in die Scheune kommt. Mir gefällt dieser Himmel nicht«, antwortete der Alte ein wenig griesgrämig.

»Sieht aber doch eigentlich ganz gut aus«, entgegnete Vater und machte sich auf dem Weg zum Häuschen, gleich neben dem dampfenden Misthaufen.

»Sieht nicht gut aus!«, knurrte Wilhelm und schlurfte hinüber zum Stall.

Die Sonne stand schon hoch am Himmel. Es würde ein sehr heißer Tag werden. »Gerti, warst du schon bei den Hühnern und hast die Eier eingesammelt?«, rief Mutter aus der Küche.

»Ja hab' ich«, kam die Antwort des kleinen Mädchens von draußen.

»Kannst du denn zu mir reinkommen und mir ein bisschen helfen?«

Gertrud hüpfte zur Tür herein. Das blonde Haar zu Zöpfen geflochten, die bei jedem Sprung einen Purzelbaum schlugen. »Was soll ich denn machen, Mama?«, strahlte sie die Mutter an und schlang beide Ärmchen um ihre Hüfte.

»Bring' bitte den Korb zum Wagen, aber lass ihn nicht fallen!«, mahnte Mutter lächelnd.

»Bin doch kein Baby mehr«, schmollte Gertrud, griff sich den Korb, den Mutter mit Broten, Wurst und Äpfeln gefüllt hatte und langte noch zum Viezkrug hin.

»Lass den Krug stehen, Schatz, der ist zu schwer für dich.«

Draußen im Hof hantierte Vater schon am Fuhrwerk und war nun gerade dabei den Braunen anzuspannen. »He Matthias, sieh mal nach, wo Terrie steckt«, rief er seinem Sohn zu.

»Klar, mach ich«, antwortete der, um gleich darauf ein lang gezogenes „Terrie" über den Hof zu brüllen und um die nächste Hausecke zu rennen. Der Zusammenprall zwischen Mensch und Hund war nicht mehr zu vermeiden. Terrie, der zottelige Mischling, der mit dem gleichen Schwung wie Matthias um die Ecke gefegt kam, heulte jaulend auf und der Junge flog im hohen Bogen über ihn hinweg. Kopfschüttelnd betrachtete Vater die Szene, musste dann aber doch lachen, wie intensiv sich Terrie um den am Boden liegenden Jungen bemühte. Winselnd stieß er ihn mit der Schnauze an, gerade so als fühlte er sich schuldig an der Karambolage. Mühsam rappelte sich Matthias auf. »War nicht deine Schuld, Terrie«, keuchte er, kraulte den Hund mit der einen Hand tröstend zwischen den Ohren und mit der anderen rieb er sich das zerschundene Knie.

»Alles in Ordnung mit euch beiden?«, erkundigte sich Vater grinsend vom Fuhrwerk, wo er nun schon dabei war die Forken und die hölzernen Rechen zurechtzulegen.

Mutter und Wilhelm kamen plaudernd über den Hof, setzten sich hinten auf den Wagen und ließen die Beine baumeln. Die Kinder hockten sich nach vorn zum Vater, der nun die Zügel packte und kräftig mit der Zunge schnalzte. Das Gespann setzte sich in Bewegung. Übermütig kläffend sprang Terrie um das Gefährt, doch der Braune ignorierte ihn völlig und tat so als gäbe es da gar keinen Hund. Das Pferd kannte den Weg, Vater brauchte kaum einmal in den Zügel zu greifen. Alle waren bester Stimmung, auch des Wetters wegen, das ideal zum Einbringen der Ernte war. Von Dahlem aus ging es über den Katzenbach

Richtung Gransdorf. Dort lag auf halber Strecke die Große Wiese, die Wilhelm und Vater zwei Tage zuvor gemäht hatten.

"Sommertag"

Beim Heumachen waren die Kinder gerne dabei. Man konnte herrlich herumtollen und es duftete so gut. Terrie wurde mit Heu beworfen bis er schnaubend zu den Hecken flüchtete, sich einen schattigen Platz suchte und fortan dahindöste.

Zwei Fuhren hatten sie nach Hause gebracht. Im kühlen Schatten des alten Apfelbaums breitete Mutter ein kariertes Tischtuch aus und richtete das Essen her. Es dauerte auch nicht lange und alle hockten beieinander. Wilhelm machte einen langen Hals und hielt nach dem Viezkrug Ausschau. Lachend zog Mutter das Tuch weg, das sie über den Krug gedeckt hatte.

»Hatte schon gedacht, ihr hättet ihn wirklich vergessen«, brummte der Alte sichtlich erleichtert.

»Zwei Wagen werden's bestimmt noch«, meinte Vater dann und blickte grübelnd über die Wiese.

»Eher drei«, entgegnete Wilhelm, »das geht noch bis in den Abend.« Vater nickte zustimmend.

Am Nachmittag legte sich der Wind, der den ganzen Tag über durch das Tal geweht hatte. Kein Blatt regte sich. Die schwüle Hitze raubte den Atem und sie hatte das Thermometer heute höher getrieben als an jedem anderen Tag des Jahres. »Hab ich's heute Morgen nicht gesagt?«, brummte Wilhelm verdrossen und blickte mit gerunzelter Stirn zum Himmel. »Von dort«, und er wies nach Westen in Richtung Gindorf, »von dort kommt nur ganz selten etwas Gutes!« Und in der Tat türmten sich die Wolken zu riesigen grauen Gebirgen auf und noch jenseits der Kyll liegend schob sich eine mächtige schwarze Front heran.

»Wir bringen diese Fuhre jetzt nach Hause und dann holen wir noch den Rest«, sagte Vater und schwang sich auf den hoch beladenen Wagen. Mutter und Wilhelm kletterten dazu, um Zuhause beim Abladen zu helfen. »Ihr schnappt euch den Rechen und geht noch einmal über die Wiese«, rief Vater den beiden Kindern noch zu.

Jedes Grashälmchen war wertvoll, das wussten die Kinder und so gingen sie mit großer Sorgfalt zu Werke und sammelten jeden Halm ein. Das Donnergrollen schreckte sie nicht, wenn sie es denn bei ihrem eifrigen Tun überhaupt bemerkt hatten.

Die mächtigen schwarzen Wolken hatten die Sonne längst verschluckt und das beunruhigende Grollen war schon bedrohlich nahe gekommen. Noch immer waren Vater, Mutter und Wilhelm nicht zurück. Matthias blickte hinauf zum schwarzen Himmel. Ein Blitz blendete ihn für Sekunden und Augenblicke später polterte ein krachender Donnerschlag herab. Schon trafen die ersten schweren Regentropfen die Kinder. Terrie kam bellend angerannt und jaulte aufgeregt. Windböen jagten nun dicke Tropfen durch das Tal. Dann öffnete der Himmel seine Schleusen und der Regen prasselte hernieder. »Komm schnell, Gertie«, rief Matthias in das Inferno und wies hinüber zu dem alten Apfelbaum, »komm wir stellen uns dort unter.«

Gertrud, mittlerweile schon patschnass, ließ augenblicklich den hölzernen Rechen fallen und rannte ihrem Bruder hinterher. Der Instinkt ließ Terrie die drohende Gefahr erahnen, denn bellend und winselnd sprang er zwischen den beiden Kindern hin und her. Dann tauchte drüben am Weg auch schon der Wagen mit Vater und Wilhelm auf.

Sekundenlang tauchte ein Blitz das ganze Tal in ein gleißendes, grelles Licht und zugleich zerriss ein ohrenbetäubender Knall das Rauschen des Regens. Erschrocken bäumte sich der Braune auf und hätte Wilhelm nicht mit beiden Händen in die Zügel gegriffen, der Gaul wäre gewiss mitsamt dem Wagen durchgegangen. Vater sprang auf und spähte durch den Regenvorhang zu den Kindern. Er sah sie nicht mehr! Fürchterliche Angst packte ihn und ließ ihn erstarren. Entsetzt sprang er vom Wagen hinab und rannte hinüber. »Gertrud – Matthias«, brüllte er gegen den Sturm, »Gerti!« Ein seltsamer Geruch von verkohltem Holz, von Schwefel und von Ozon umfing ihn. Der Stamm des Apfelbaums, unter dem sie am Mittag noch gesessen hatten, klaffte weit auseinander, Äste lagen verstreut herum. Dann sah er sie und es traf ihn wie ein Keulenschlag. Nahe dem Apfelbaum lag seine kleine Tochter und gleich daneben Terrie. Ein paar Schritte weiter hatte der Blitz Matthias getroffen.

Sekunden später war er bei Gertrud, wagte es kaum sich über sie zu beugen und schloss endlich den reglosen kleinen Körper in die Arme. »Gerti«, flüsterte er, »Gerti ...«, seine Stimme versagte.

Doch dann öffnete sein Kind die Augen. »Papa ...«, wisperte es kaum hörbar, »Papa ...«

»Gerti«, flüsterte Vater mit dünner Stimme und Tränen liefen. Dann erlosch der Glanz in Gertruds Augen und wie bei einer Marionette, der das Halteseil durchtrennt wurde, fiel ihr Kopf zurück. Es zerriss ihm das Herz, denn in diesem Augenblick nahm Gott die kleine Gertrud zu sich. Nur wenige Meter weiter kniete Wilhelm im Gras und wiegte verzweifelt den toten Matthias an seiner Brust.

Am Osthang des Spangerbach-Tales zwischen den beiden Ortschaften Spangdahlem und Gransdorf steht das kleine Heiligenhäuschen, die winzige Kapelle, die an jenes folgenschwere Unglück erinnert, das am 25. Juni des Jahres 1891 das Leben der beiden Geschwister Gertrud und Matthias Haas aus Dahlem forderte.

Wachet und betet denn Ihr wisset weder den Tag noch die Stunde wann der Herr kommt.

So lautet die Inschrift auf dem schlichten Gedenkstein.

Zeit

*Ich lieb' die stillen Plätze
die Klänge der Natur
mag ihre kleinen Schätze
leb nach der Sonnenuhr.*

*Kann nicht mit lauten Leuten
die glauben sie sei'n wer
hab's nicht mit wilden Meuten
um die ich mich nicht scher.*

*Die Sternenflut am Himmelszelt
der sanfte, kühle Wind der Nacht
es schlummert still die weite Welt
und Mondes Sichel heimlich wacht.*

*Gar mancher Zeitgenosse
dynamisch ist er, sehr aktiv
verflucht alsbald die großen Bosse
und jene Geister, die er rief.*

*Dies schnelle Leben, immer jagen
ein stiller Platz am Weiher
so seufzen sie, sind voller Klagen
ach hol sie doch der Geier!*

In vielen engen Schleifen durchzieht die Kyll die Täler der Eifel, plätschert einmal lebhaft über Steine und strömt ein anderes Mal gemächlich im Schatten der dunklen Wälder dahin. Sie treibt Mühlräder und Turbinen an, durchquert Wiesen und Wälder und sie fließt an kleinen Ortschaften vorbei. Sie kann viele Geschichten erzählen, die sich an ihrem Ufer zugetragen haben, sie kann erzählen von Glück und von tiefem Leid.

1937 Die Wasser der Kyll

Noch vor ein paar Tagen da lag diese weihnachtliche, diese besinnliche Stille über dem ganzen Land, ließ die Menschen ein wenig verharren, jedenfalls für einige wenige Tage. Doch mit dem Jahreswechsel war sie mit einem Mal gewichen, war fort, einfach fort und nicht mehr vorhanden. Es waren kalte Tage und frostig waren sie, diese ersten Tage im Januar des Jahres 1910. Am Morgen hatte es noch ein wenig geschneit, nur ein paar Flocken, doch nun, da die Dämmerung allmählich heraufzog, da fielen dicke Flocken aus den grauen Wolken. Und es hörte nicht mehr auf zu schneien.

Nur noch wenige Minuten und die schwarzen Zeiger der Turmuhr standen übereinander. Mitternacht. Es war eine jener kalten Nächte, in der man keinen Hund vor die Tür jagte. Und dennoch, was war denn das dort drüben? Eine schmächtige Gestalt, ja eigentlich nur ein Schatten, hastete dort entlang der Klostermauer, stapfte mühsam durch den Schnee, der nun schon recht hoch lag, kaum wahrnehmbar im dichten Schneetreiben dieser eisigen Januarnacht. Sie trug etwas mit sich, hielt es in den Händen, eng an die Brust gedrückt, gerade so, als ob es das Wertvollste sei, was sie auf dieser Welt besaß und sehr, sehr zerbrechlich.

Dort drüben, war das nicht die Klosterpforte? Noch einmal blieb sie stehen, schaute sich um, tat noch ein paar Schritte und dann stellte sie den kleinen Weidenkorb vor der Pforte ab. Endlos lange blickte sie darauf, kniete sich in den Schnee bis die Knie schmerzten. Nur zögernd stand sie auf.

Zuerst hörte sie es nur ganz leise und dann wurde es immer lauter. Dieses Gurgeln und Murmeln, dies Plätschern und Flüstern der Kyll. Es waren Worte, die sie nicht verstehen konnte, die sie nicht verstehen wollte.

Kraftlos zog sie an dem rauen Seil und läutete die Torglocke. Einmal. Und dann noch einmal und sie wusste, dass sie diesen Klang nie mehr vergessen würde, nie mehr, so lange sie auf dieser Erde lebte. Noch zauderte sie, wartete, hoffte dass irgendwo dort drüben ein Licht aufflammen möge, doch es tat sich nichts. Noch einmal zog sie mit aller Macht an dem brüchigen Hanfstrick. Mit klopfendem Herzen horchte sie in die Stille, in der der Klang der Glocke schnell verhallte. Und dann sah sie es. Ein kümmerliches Lichtlein jenseits der Mauer, kaum auszumachen im dichten Schneegestöber.

Hastig, getrieben von Panik die jeden ihrer Schritte lähmte, eilte sie nun den Weg zurück, den sie gerade erst gekommen war, rannte entlang der Klostermauer, stolperte vorwärts bis der Reigen der wirbelnden Flocken sie endgültig verschlang.

Abrupt blieb sie stehen, fiel beinahe hin, hielt reglos inne und spähte angestrengt hinüber zu dem alten Holzschuppen. Dort drüben da war doch etwas! Lähmende Angst umfing sie mit einem Mal. Da war ein Laut und da war doch auch ein Schatten! Oder doch nicht? Hatte sie sich getäuscht, hatte sie sich das nur eingebildet? Es war nicht die eisige Kälte, der Schrecken ließ sie erzittern. Dieses Dröhnen in den Ohren und da war es wieder, dieses Wispern und Flüstern und es kam vom Fluss! Sie hielt den Atem an, hörte das Pochen ihres Herzens. Sekunden hielt sie inne, lauschte, um dann im nächsten Augenblick in der Nacht zu verschwinden. Sie weinte, sie fiel in den Schnee und sie rappelte sich wieder auf. Weiter nur weiter! Auf jeden ihrer Schritte legte sich nun die Angst wie eine fürchterliche Last.

Der Weg zurück nach Malberg erschien ihr so unendlich weit, wollte und wollte einfach nicht enden. Kälte fraß sich durch die nassen Kleider, biss ihr ins Fleisch. Und da war wieder diese Furcht, diese Angst, die nicht mehr weichen wollte, seit sie bei dem alten Schuppen diese Bewegung, diesen Schatten gesehen hatte. Wie ein gehetztes Tier blickte sie sich um, stand einen Augenblick wie versteinert da, starrte zurück und versuchte in dem wirbelnden Weiß irgendetwas zu erkennen, etwas auszumachen. Nichts. Und doch war da etwas! Es war nichts zu sehen, sie konnte nichts hören und dennoch wusste Magdalena genau, dass dort draußen irgendein Wesen war. Und dieses Wesen folgte ihr!

Atemlos, mit rasendem Puls hetzte sie weiter durch den Schneesturm. Nur nach Hause! Kyllburg, war das dort denn schon Kyllburg? Alles sah in dieser Nacht so fremd, so anders aus. Ein glücklicher Seufzer entwich ihr. Kyllburg! Dann war es bis Malberg nicht mehr weit. Keine Seele war ihr begegnet. Wer hatte denn auch in einer solchen Nacht bei einem solchen Wetter hier draußen etwas zu tun?

Dort war schon die Brücke über die Kyll! Gurgelnd klatschte das Wasser an die mächtigen Ufersteine, an denen sich schon weiße Kränze aus Eis gebildet hatten. Für einige Sekunden hielt sie inne. Lautlos fiel der Schnee, doch da war auch wieder dieses Flüstern und Raunen, gerade so als wolle der Fluss sie mahnen, als wollten die Wasser ihr etwas sagen. »Nein«, murmelte sie leise, »nein, nein, nein!«, die Augen voller Tränen. Weiter, nur weiter, nicht stehen bleiben und bloß nicht umschauen! Keuchend rannte sie durch die leeren Straßen und wieder strauchelte sie, fiel in den tiefen Schnee. Auf und vorwärts, bloß fort!

Ein stürmischer Wind war aufgekommen, fegte mit Macht durch das enge Kylltal und trieb ihr winzige Eiskristalle, spitz wie Nadeln ins Gesicht. Egal, sie musste nach Hause! Es war ja nicht mehr weit!

Magdalena war erschöpft und sie war todmüde. Doch das alles war nichts gegen die schwarze Leere, die sich allmählich in ihrem Inneren auftat und die alles zu töten drohte. Lohnte sich dieses Leben denn noch? Weiterleben als Magd auf diesem schrecklichen Hof, bei diesen furchtbaren Leuten, die glaubten alles mit ihr tun zu dürfen? Oh nein, denn das würde sie als nächstes ändern! Sie war so jung, gerade einmal siebzehn Jahre alt und das ganze Leben lag noch vor ihr. Und sie wollte leben!

Plötzlich wie aus dem Nichts tauchte der Hof aus dem Flockenwirbel auf. Nie hätte sie geglaubt, Malberg so schnell zu erreichen. Mit Mühe zwängte sie sich durch das Tor hindurch und eilte hinüber zu den Ställen. Schnee knirschte unter ihren Füßen. Harro, der alte Schäferhund schlug nicht an. Er kannte sie natürlich. Bei diesem Wetter würde er wohl in seiner Hütte schlummern und von besseren Zeiten träumen, die vielleicht niemals kommen würden. Auf Zehenspitzen schlich sie an den

Ställen entlang, die Stiege hinauf, vorbei am Zimmer des Knechtes und dann stieß sie mit einem tiefen Seufzer die Tür zu ihrer Kammer auf. Die eisige Kälte ließ ihren Atem zu kleinen Wolken gefrieren, doch Magdalena spürte diese Kälte nicht. Hastig streifte sie die nassen Kleider ab und kroch völlig erschöpft unter die Bettdecke. Die bodenlose Leere in ihrem Inneren nahm sie gefangen und der beißende Schmerz in ihrer Seele trieb ihr die Tränen in die Augen. Magdalena starrte in die schwarze Dunkelheit und weinte. Noch immer war da der Klang der Torglocke des Klosters in ihren Ohren und dann war da auch wieder dieses Murmeln und Flüstern der Wasser der Kyll: Was hast du getan, Magdalena? fragten sie unablässig.

Die rote Sonne versank hinter den Eifelbergen. Ein warmer Sommertag neigte sich seinem Ende entgegen. Tief unten im Tal schlängelte sich das schimmernde Band der Kyll träge zwischen den alten Weiden hindurch. Ab und zu blitzte noch ein letzter Sonnenstrahl auf, wurde aber mehr und mehr von den länger werdenden Schatten verschlungen.

Bruder Josef saß im Gras bei Ludwig, dem alten Schäfer, und blinzelte in die Strahlen der untergehenden Sonne. »Ist dies denn nicht eine schöne, eine friedliche Welt?«, fragte er und schaute zu dem Alten an seiner Seite.

Ludwig zog an seiner krummen Pfeife und blickte nachdenklich ins Tal hinab. »Die Welt ist schön und sie ist zugleich verrückt. Die Menschen sind verrückt! Bald werden sie aufeinander losgehen. Es wird Krieg geben.«

»Ich hoffe du irrst dich, Ludwig, obwohl, mit diesem Hitler ist nicht zu spaßen!«

»Ich verstehe das alles schon lange nicht mehr, bin zu alt

dafür«, grummelte Ludwig vor sich hin.

Josef lächelte nachsichtig. »Und dennoch sollten wir dankbar sein. Hat Gott es denn nicht gut gemeint mit uns beiden? Jedem hat er eine Herde gegeben, auf die wir achtgeben müssen.«

»Das hat er gut gemacht«, brummte Ludwig, »aber die Meine ist die Folgsamere!«, der Alte grinste diebisch und paffte blauen Qualm in den Himmel.

Josef lächelte nachsichtig. »Mag sein, Ludwig, aber meine Herde, auch wenn sie manchmal störrisch ist, ich liebe sie genauso wie du die Deine.« Der Franziskaner stand auf, klopfte sich die Grashalme aus seinem braunen Gewand, rückte den weißen Strick mit den drei Knoten zurecht und hob lächelnd die Hand zum Gruß. »Mach's gut, Ludwig und achte immer auf die Herde!«

Über alles liebte Josef diese lauen Sommerabende. Diese beschauliche Ruhe wenn der Tag dann hinter ihm lag und wenn die Arbeit getan war. Dann zog er sich gerne zurück, betete still und ließ seine Gedanken in ferne Welten schweifen. Er dankte Gott, der ihn mit diesem glücklichen Leben beschenkt hatte und er dankte ihm für dieses wundervolle Zuhause, das er hier im Kloster St. Thomas bei den Franziskanern gefunden hatte. Er betete für Bruder Bernhard, seinen Ziehvater, der, solange er sich zurückerinnern konnte immer für ihn da war und der nun schwer krank daniederlag. »Gütiger Gott, gib ihm Kraft und gib ihm seine Gesundheit wieder zurück. Er ist ein solch guter Mensch, schenke ihm noch ein paar glückliche Jahre auf dieser Erde, er hat es einfach verdient!« Seine Gedanken flogen einmal mehr zu seinem *Vater* hin.

»Bruder Josef, Bruder Josef ...«, atemlos keuchte der junge Novize den Berg herauf, »Bruder Josef ...«, der junge Mann

"Wald und Wiesen"

"Straße in Kyllburg"

atmete rasselnd und vor lauter Aufregung brachte er kaum ein Wort heraus. »... es ist, ... Bruder Bernhard ..., es, es geht ihm sehr schlecht. Ihr mögt bitte sofort kommen.« Ohne ein Wort zu erwidern, eilte Josef hinab zum Kloster.

Winzige Schweißperlen standen ihm auf der Stirn, als er die Türklinke behutsam niederdrückte und nun das Krankenzimmer betrat. An Bernhards Bett saß der Abt und hielt dessen welke Hand. Der Atem des alten Mannes ging schwer.

»Bruder Bernhard«, sagte der Abt mit leiser Stimme, »Josef ist gekommen.«

Nur mühsam schlug der kranke Bernhard die Augen auf. »Josef«, flüsterte er kaum hörbar, »Josef, mein Junge.« Freude war aus Bernhards schwacher Stimme zu hören und längst war Josef an der Seite seines *Vaters*.

»Lasst uns bitte einen Augenblick alleine«, murmelte der alte Mönch und blickte müde zum Abt auf, der sich schon erhoben hatte und sich anschickte den Raum zu verlassen.

»Setz dich zu mir, Josef.«

»Vater ...«, stammelte Josef und griff nach Bernhards Hand. Der Abt war gegangen und dennoch spürte Josef mit einem Mal, dass sie beide nicht alleine in diesem Zimmer waren. Da war noch eine Dritter und der hatte alle Zeit dieser Welt. Er konnte warten und er wartete geduldig, denn er war gekommen um Bruder Bernhard mitzunehmen.

»Josef, ich habe dir noch etwas Wichtiges zu sagen, bevor der Herr mich zu sich nimmt.«

»Vater ...«

»Ich habe mich immer bemüht dir ein guter Vater zu sein. Weiß nicht, ob es mir immer gelungen ist, aber ich habe es versucht, habe mein Bestes gegeben.« Müde schloss Bernhard die Augen und atmete schwer. »Jedes Kind hat einen Vater und jedes Kind hat eine Mutter. Die hast auch du, ohne Zweifel, doch ...« Ein Hustenanfall stoppte den mühsamen Fluss seiner Worte und es dauerte sehr lange bis Bernhard wieder sprechen konnte. Mit einem feuchten Tuch tupfte Josef ihm den kalten Schweiß von der Stirn. »Du hast Mutter und Vater nicht gekannt, Josef.«

»Einen besseren Vater als Euch kann ich mir nicht vorstellen«, flüsterte Josef mit erstickter Stimme.

Ein müdes Lächeln trat auf Bernhards zerfurchtes Gesicht und schwach drückte er nun Josefs Hand. »Damals, als die Israeliten in Ägypten Frondienst leisten mussten, da gab es einen kleinen Jungen. Seine Mutter setzte ihn in einem Körbchen auf dem Nil aus und rettete ihm so das Leben.« Mit klarem Blick schaute Bruder Bernhard nun in Josefs Augen. Stumm sahen sich die beiden an. »Es war eine kalte Nacht, damals im Januar, als ich dich vor der Klosterpforte in einem Körbchen fand.«

Entgeistert starrte Josef jetzt in das alte Gesicht des Mönchs.

»Ein Landstreicher, der in einem alten Schuppen Unterschlupf gefunden hatte, beobachtete in jener Nacht eine Frau und er fand heraus, wer sie war. Er hat sich mir anvertraut und so habe ich dann deine Mutter gefunden.«

Der Himmel stürzte ein und er begrub Josef unter sich.

»Glaube mir, mein Junge, es ist ihr nicht leicht gefallen! Sie hat damals einfach keinen anderen Weg mehr gesehen.« Aus Bruder Bernhards Brust drang ein tiefer Seufzer. Das Sprechen fiel ihm zunehmend schwerer.

»Josef, deine Mutter ist eine gute Frau. Magdalena Markwart ist ihr Name und sie lebt in Prüm.«

»Vater ..., Vater aber warum ..., warum erst jetzt, nach so

vielen Jahren?«, schluchzte Josef.

»Weil sie es so wollte, mein Junge.« Bruder Bernhard hob ächzend die Hand und strich durch Josefs Haar. »Sie wollte es so, Josef und das habe ich respektiert. Ich habe lange darüber nachgedacht, sehr lange und ich glaube, ihr beide solltet euch nun kennen lernen, bald.«

»Ja ...«, flüsterte Josef heiser, mehr brachte er nicht mehr heraus.

»Ich habe immer versucht dir ein guter Vater zu sein. Trage es mir nicht nach, wenn ich manchmal Strenge walten ließ. Aber auch das musste sein.« Bernhard blickte lächelnd in Josefs Gesicht. »Es musste manchmal sein ...«, hauchte Bruder Bernhard mit schwacher Stimme, dann verlosch sein Leben.

Josefs Hand lag auf dem schweren Messingknopf der Klingel. Noch nie in seinem ganzen Leben hatte sein Herz in einem solchen Rhythmus gepocht. Ferne Schritte hallten durch den Hausflur, kamen näher und dann öffnete sich die Tür. Josef atmete tief. Seine Hand zitterte.

Als er in die schönen dunklen Augen der Frau blickte, da wusste er sofort, dass sie es war. Und sie war so anders als er sie sich vorgestellt hatte. Groß war sie und viel jünger, als er gedacht hatte, eine schöne schlanke Frau mit vollem dunklem Haar. Beide starrten einander an, nicht mit Schrecken, eher überrascht, erstaunt vielleicht und ein bisschen verwundert. Es war einfach das Unvorhergesehene, das Unvorstellbare und das Beispiellose. Jeder der beiden wusste ganz genau, wer da vor ihm stand.

»Frau ..., ich ...«, doch kaum hatten die Worte Josefs Lippen verlassen, da wurde ihm auch schon bewusst, wie töricht und wie dumm der Gedanke war, sie nach ihrem Namen zu fragen. Nur Augenblicke später lag er schon in Magdalenas Armen und eine Geschichte, die vor beinahe dreißig Jahren begonnen hatte, fand ihr glückliches Ende.

Träume

Sterne zählen in der Nacht,
in fernen Träumen schweben.
Hoch steht der volle Mond und wacht
über unser Leben.

Wie ein Vogel, einmal nur,
mit dem Wind zu gleiten,
tief unter dir die grüne Flur,
tauch ein in blaue Weiten.

Lange schon währt dieser Traum
und wird es ewig bleiben.
Bis zu der Sonne heißem Saum
ließ Ikarus sich treiben.

*Er spielte mit des Feuers Glut
und stürzte tief ins Meer.
Denk stets daran, geht's dir auch gut,
der Wind weht schnell woanders her.*

*Mit beiden Füßen auf der Erde
bleibt dir so mancher Sturz erspart.
Träume ruhig, auf das wahr werde,
wenn Sehnsucht sich mit Mut gepaart.*

*Träume leben, das ist gut,
doch sollst du nicht vergessen,
dazu gehört 'ne Menge Mut,
den Wenige besessen.*

"die vier Jahreszeiten"

Wer hat denn schon einmal etwas von dem Vulkan Tambora gehört? Es wird nicht allzu viele geben, die diesen feuerspeienden Berg im fernen Indonesien kennen. Doch der verheerende Ausbruch im Jahre 1815 hatte nicht nur für die indonesische Bevölkerung weitreichende Folgen. Rund um den Globus waren Landwirtschaft und Klima erheblich beeinträchtigt.

1816 *Das Jahr ohne Sommer*

»Hey Chris, nun schau dir das mal an! Die Analyse der grönländischen Eisbohrkerne kommt gerade herein.« Paul Lentzen beugte sich über den Bildschirm und studierte die Kolonnen von Zahlen und Diagrammen, die nun in langen Messreihen über den Monitor flimmerten.

»Interessant, sehr interessant«, meinte Chris Becker, der nun ebenfalls gebannt auf die Zahlen blickte. »Die Sulfatkonzentration um das Jahr 1816 ist schon beachtlich«, stellte er nachdenklich fest.

Paul nickte, »1815 bricht er aus und ein Jahr später hat sich die Asche um die ganze Erdkugel verteilt.«

»Nun ja, wenn 150 Kubikkilometer Staub, Gase und Asche in die Luft gepustet werden, dann sollte man die nachweisen können, auch noch 200 Jahre später. Hast du übrigens gewusst, dass der Vulkan Tambora vor dem Ausbruch eine Höhe von über 4000 m hatte und hinterher war er mal gerade noch 2800 m hoch.«

»Ja, das hat damals ganz schön gerumst im fernen Indonesien.

Gegen den Ausbruch des Tambora war der des so berühmten Krakatau geradezu ein Kinderspiel. In 1500 km Entfernung hat man noch das Grollen gehört. Stell dir vor, in Hamburg knallt es und in Rom hörst du es noch scheppern. Unvorstellbar!«

»Ein Glück, dass ein Ausbruch von solcher Intensität nur alle 500 Jahre stattfindet.«

»Du sagst es. Dann hätten wir ja noch 300 Jahre Zeit bis zum nächsten«, meinte Paul grinsend.

»Kein Wunder, dass die Temperaturen anschließend weltweit in den Keller fielen.«

»Die Amerikaner nannten später dieses Jahr 1816 *Eighteen hundred and frozen to death*, also achtzehnhundert und den Arsch abgefroren.«

»Ist aber 'ne sehr freie Übersetzung«, meinte Chris Becker lachend. »Wird interessant sein, wie die Analysen der Baumringmessungen dazu passen.«

»Wird sich in den nächsten Tagen zeigen.«

Und es passte zusammen. Aus der Häufung der Sulfatablagerungen in den Eisbohrkernen und der Auswertung der Baumringchronologien der Zeitperiode um 1816 war eindeutig abzuleiten, dass infolge des Ausbruchs des Vulkans Tambora am 10./11. April 1815 in Indonesien das Klima weltweit beeinflusst wurde. Nach einer ganzen Reihe kalter Jahre zu Beginn des 19. Jahrhunderts (in den Geschichtsbüchern sprach man später von einer kleinen Eiszeit) lagen die Temperaturen des Jahres 1816 noch einmal darunter. Hinzu kamen extrem starke Regenfälle. Schwere Ernteausfälle bis hin zur vollständigen Vernichtung der Ernte waren die Folge dieses Ereignisses.

An diesem Nachmittag standen im Institut für Meteorologie

und Klimaforschung der Universität Mainz die beiden Klimaforscher Chris Becker und Paul Lentzen beisammen und betrachteten sehr intensiv den Computerausdruck, der das ganze meteorologische Dilemma des Jahres 1816 dokumentierte.

»Einfach beschissen, absolut beschissen«, stellte nun Paul Lentzen lakonisch fest, »hätte in einem solchen Jahr kein Bauer sein wollen.«

Man schrieb das Jahr 1816 und Jakob Kohlhaas war Bauer. Vom Vulkan Tambora hatte er noch nie gehört, geschweige denn von seinem Ausbruch etwas mitbekommen. Das sollte sich jedoch ändern, wenn auch auf eine Art, die Jakob niemals für möglich gehalten hätte.

Jakob kannte Mauel, den kleinen Ort an der Prüm, wo er seine Äcker hatte, er kannte Bitburg, wo er schon ein paar Mal gewesen war, Waxweiler, aber sonst ... Jakob wusste nicht allzu viel von dieser Welt.

Noch im Frühjahr hatte er wie all die Jahre zuvor seine Äcker bestellt. Das einzige, was ihm wirklich einige Sorgen bereitete, war das nasse und kalte Wetter. Es war Sommer, der 12. Juli 1816 und schon seit Tagen führte die Prüm extremes Hochwasser. Gierig nagte der Fluss an Jakobs Acker und spülte Scholle um Scholle davon. Es war Juli, es war Sommer und es war viel zu kalt.

Regen fiel aus den tief hängenden Wolken, die seit Wochen die Kuppen der Eifelberge einhüllten. Jakob schlug den Kragen hoch, rückte die Mütze tiefer in die Stirn und ging hinüber zu der mächtigen Buche auf der kleinen Anhöhe. Unter deren Ästen war es zwar nicht viel trockener, doch vor dem immer stärker werdenden Regen schützte das dichte Blattwerk des Baumes

doch ein wenig. Der kalte Nordostwind drang mühelos durch seine abgewetzte Arbeitsjacke, die von zahllosen Flicken zusammengehalten wurde. Jakob erschauderte. Er blickte hinüber zum Fluss, dessen braune Fluten unaufhörlich an seinem Acker nagten und er schaute besorgt über diesen Acker, wo sich noch ein paar verkümmerte gelbe Halme aus dem Schlamm reckten.

Was nun folgte hatte Jakob Kohlhaas in seinem langen Leben noch nie erlebt. Der Himmel öffnete seine Schleusen und zu den Unmengen von Wasser die schon alles ertränkten, ergossen sich Millionen und Abermillionen Liter. Hilflos musste Jakob zuschauen, wie der Spiegel der Prüm stieg und stieg und wie der Fluss seinen Acker bald völlig unter Wasser setzte und alles mit sich riss, was sich ihm in den Weg stellte.

Gedankenverloren rührte Jakob an diesem Abend in der wässrigen Kartoffelsuppe, dann brach er einen Kanten vom harten Brotlaib. Die letzten Jahre waren schlecht, zu kalt und zu nass. Er dachte zurück an den Sommer 1813, das war vor drei Jahren. Der war auch nicht gut gewesen, doch damals ging es noch halbwegs mit der Ernte. Doch dieses Jahr... Die Nachtfröste im späten Frühjahr hatten den Pflanzen arg zugesetzt. Beinahe die Hälfte ging verloren. Und jetzt? Es war Juli – mitten im Sommer 1816 – und was war? Keine zehn Grad waren es am Mittag gewesen! Jakob war kein gebildeter Mann, er war nur ein einfacher Bauer. Doch er verstand etwas vom Wetter, machte sich seine Gedanken darüber und er wusste auch, was eine Eiszeit war. Dies war wohl noch keine, doch steuerten sie möglicherweise auf eine solche zu.

»Dieses Jahr wird es keinen Sommer geben und es wird auch keine Ernte geben«, raunte er ohne vom Teller aufzublicken.

»Die jungen Schwalben verhungern in den Nestern, weil es kaum Insekten gibt. Zu kalt...«, seine Stimme brach.

»Aber...«, hielt seine Frau Barbara ihm entgegen, »wie soll das denn gehen, mit dem Vieh und was sollen wir essen?«

»Nichts«, brummte Jakob missmutig, »schon sehr bald werden wir nichts mehr zu essen haben.«

Und mit seiner düsteren Ahnung sollte Jakob Kohlhaas tatsächlich Recht behalten. Als Folge der katastrophalen Ernteergebnisse verdoppelte sich der Preis für Getreide im Winter und er stieg weiter im folgenden Jahr 1817. Üble Hungerjahre, in denen des Abends viele mit leeren Bäuchen in die Betten krochen. In der Folge kam es zu einer der schlimmsten Typhus-Epidemien, die Europa je heimsuchte.

Die Hungersnot war Anlass für private und staatliche Maßnahmen zur Förderung der Landwirtschaft. Im ebenfalls stark betroffenen Württemberg regte Wilhelm der I. die Gründung eines landwirtschaftlichen Vereins an, der mit seinem nun jährlich stattfindenden Fest den Grundstein für den Cannstatter Wasen, einem der größten Volksfeste legte.

Machte sich das *Jahr ohne Sommer* in den skandinavischen Ländern kaum bemerkbar, so wurde auch die Schweiz schwer in Mitleidenschaft gezogen. Schneefall im Sommer bis hinab in die Täler folgten wochenlange Regenperioden.

Die britische Schriftstellerin Mary Shelley verbrachte den Sommer 1816 am Genfer See. Da man das Haus tagelang nicht verlassen konnte, vertrieb man sich die Zeit mit Geschichtenschreiben und zwar passend zum Wetter *Schauergeschichten*. Mary Shelley schrieb dort ihre Geschichte *Frankenstein*, die im Jahre 1818 veröffentlicht wurde.

Tief gebeugt stützte sich Jakob auf seinen knorrigen Stock und blickte über die verwüstete braune Fläche, die einmal sein Acker gewesen war. Die Vögel zwitscherten in den Hecken und der Abendwind brachte einen Hauch von Wärme aus dem Süden mit in die Eifel. Im Westen färbten sich die Wolken tiefrot. Jakob konnte sich nicht daran erinnern, jemals solche Farben am Himmel gesehen zu haben.

Er konnte ja nicht wissen, dass die Ascheteilchen, die der Vulkan Tambora auf der anderen Seite der Erdkugel in die Stratosphäre geschleudert hatte und die ihm die Ernte genommen hatten, auch für dieses faszinierende Farbenspiel verantwortlich waren.

Wolken

Wolken weiß vor Himmelsblau,
ziehen mit dem Wind dahin.
Nach Süd, nach Ost, weiß nicht genau,
wohin sie denn entflieh'n.

Sie streifen über Bergeshöh'n,
und über Täler weit.
Abendrot lässt sie erglüh'n,
zur Dämmerstundenzeit.

Zu gerne würd' ich mit euch zieh'n,
über ferne Meere.
Und schon bald die Träume blüh'n,
ich gäb' was wenn's so wäre.

Dunkel treibt's von Westen her,
der Wind weht sie herbei.
Schwarze Wolken tief und schwer,
ein Himmel grau wie Blei.

Blitze zucken immer wieder,
wütend folgt ein Donnerschlag.
Regen stürzt im Schwall hernieder,
Sturmgewalt, die niemand mag.

Von Westen naht ein Sonnenschimmer,
vertreibt die schwarze Wand.
Über'm Tal ein Farbenflimmer,
Regenbogen weit sich spannt.

Die Welt sie schlummert langsam ein,
der Mond am dunklen Himmel steht.
Bald schon bricht die Nacht herein,
die Wolken hat der Wind verweht.

Im April 1792 läutete die Französische Revolution die Umgestaltung Europas ein. Anfangs fanden die Auseinandersetzungen nur auf dem linksrheinischen Gebiet statt. Aachen und Mainz wurden schon bald von den Franzosen eingenommen. Mit der Besetzung des Rheinlands im Jahre 1794 begann auch der Aufstieg Napoleon Bonapartes, der zu dieser Zeit Brigadegeneral in der französischen Armee war. Ein Jahr später tritt Preußen im Frieden von Basel die linksrheinischen Gebiete an Frankreich ab.

1794 Die Müllerin

Unruhige Zeiten stehen der Eifel bevor. In Frankreich lodern die Flammen der Revolution heftig. König Ludwig XVI und seine Gemahlin Marie-Antoinette verlieren den Kopf und marodierende französische Soldaten verbreiten in den Dörfern der Eifel Angst und Schrecken. Doch längst nicht jeder fürchtet die Franzosen.

»Sollen sie bloß herkommen«, wetterte Matisse und knabberte weiter an dem fettigen Hühnerbein.

»Aber es sind Soldaten, Matisse, schreckliche Kerle, die alles anzünden und die Frauen schänden«, Barth, der Müller verzog ängstlich das Gesicht, als wäre ihm gerade schlimmstes Ungemach widerfahren.

Mit einem Sprung war sie vom Stein herunter, beugte sich so tief zu ihm herab, dass sich ihre Nasenspitzen fast berührten. »Eines will ich dir noch sagen, Müller, man hat mich einmal geschändet, ein zweites Mal wird es nicht geben! Es gibt nur einen Einzigen, dem ich erlaube mich zu berühren und das bist du, Barth.« Ihre Stimme wurde leise und sanft fuhr sie fort, »du hast mich aufgenommen und du warst gut zu mir. Und wenn einer glaubt er müsse es mit mir treiben, dann soll er es versuchen, er soll es nur versuchen!« Drohend zischte sie die letzten Worte.

Der Müller lag beinahe auf dem Rücken. Matisse hatte sich so in Rage geredet, dass sie ihm immer näher gekommen und mittlerweile über ihm war.

»Ich werde nicht zulassen, dass diese Dreckskerle das Zuhause zerstören, das du mir gegeben hast! Und ich würde mich freuen, Barth, wenn du mir dabei ein kleines bisschen helfen würdest.«

»Aber ..., aber was können wir denn schon gegen diese Soldaten ausrichten?«

»Das werd' ich dir schon zeigen wenn es so weit ist, mein Lieber!« Matisse warf den Hühnerknochen weg, wischte sich mit dem Ärmel den Mund ab und drückte dem Müller einen leidenschaftlichen Kuss auf den Mund. »Jetzt werd' ich dir erst einmal etwas Anderes zeigen«, sie lachte lauthals und drückte wieder ihren Mund auf den seinen.

»Aber Matisse, hier draußen ..., nicht ..., ich ...« Des Müllers Protest wich schnell der aufkeimenden Leidenschaft. Beide Arme schlang er um die zierliche Frauengestalt und drückte sie fest an seinen Körper.

Hinterher etwas außer Atem geraten, zupfte Matisse ihre Kleider zurecht, kniff die Augen zusammen und sah den Müller keck an. »Noch mal?«

Barth warf den Kopf zurück und lachte schallend. »Nimmersatt! Heute Nacht werd' ich es dir geben, aber jetzt ist die

Pause zu Ende. Wir haben noch eine Menge Korn zu mahlen!«

Matisse stöhnte und machte sich wieder an die Arbeit. Der Müller folgte ihr.

Vor zwei Jahren war er ihr begegnet. Auf dem Weg nach Prüm fand er sie, geschändet und halb tot geprügelt lag sie am Wegesrand. Behutsam hatte er Matisse auf seinen Karren gelegte und sie zu den Benediktinerinnen nach Niederprüm gebracht.

»Auf dem Friedhof ist sie allemal besser aufgehoben als hier im Krankenzimmer«, meinte die alte Schwester Anna damals, doch Barth ließ sie gesund pflegen, ja er übernahm sogar die gesamten Kosten.

Matisse war zäh und sie war verteufelt schön. Diese dunkle Haut und das schwarzes Haar, ohne jeden Zweifel kein Mädchen aus der Eifel, dachte Barth, wie er sie so betrachtete. Eine Zigeunerin, das schien schon eher zu passen. Ihre Herkunft, die hatte sie ihm verschwiegen und Barth war nicht der Mann, der jemanden mit Fragen löcherte. Er nahm sie mit zur Mühle, ließ sie im Stroh schlafen und er gab ihr zu essen. Matisse blieb bei ihm. Sie half ihm bei der Arbeit und niemals hätte er geglaubt, wie stark sie war. Sie klagte nicht, sie schleppte die schweren Säcke mit Korn, sie schlug die Axt in die Stämme und sie reparierte den Mühlschuss wie er es ihr gezeigt hatte. Sie hielt das ganze Haus in Ordnung, sie kochte und sie putzte. Und dennoch gerieten sie an jenem Nachmittag in heftigen Streit. Den Grund dafür wusste er hinterher nicht einmal mehr.

An diesem Abend stand sie dann vor ihm, die Stube war nicht geheizt, es regnete. »Ich gehe«, sagte sie leise, ließ den Kopf sinken, drehte sich um und ging. Barth schaute ihr hinterher, wie sie mit ihren wenigen Habseligkeiten in der grauen Dämmerung

"Auwald"

"Altenhof"

verschwand.

Wie versteinert stand er da, hätte niemals mit so etwas gerechnet. Er lief hierhin, er lief dorthin, er tat die unsinnigsten Dinge. Sein Herz klopfte im Hals und doch konnte er sich nicht entschließen ihr hinterherzugehen.

Stockdunkel war die Nacht, es stürmte und es regnete Bindfäden. Barth reckte die Laterne hoch. Der Braune wieherte mürrisch. »Los, mein Pferdchen, los weiter.« Die Räder des zweiachsigen Karrens schnitten tief in den aufgeweichten Boden. »Matisse, Matisse!« Immer wieder rief er ihren Namen, doch der Wald blieb stumm. Sie wird doch nicht nach Prüm ..., dachte Barth. Natürlich! Die Schwestern in Niederprüm, wo sollte sie denn auch sonst hin! Hastig wendete er, trieb den Braunen an, der nur widerwillig in die dunkle Nacht hinein trabte. Immer wieder rief Barth ihren Namen, wieder und wieder. Doch aus der Finsternis kam keine Antwort zurück.

Wie kann ich ein solches Goldstück nur wegwerfen? Barth machte sich bitterste Vorwürfe. »Matisse«, rief er, doch nun war es mehr ein verzweifeltes Flehen als ein Rufen. »Matisse.« Der Braune blieb stehen. »Matisse«, murmelte Barth leise und ließ entmutigt den Kopf sinken.

»Ich bin hier«, antwortete eine Frauenstimme, die er nur zu gut kannte.

Als wäre er gerade aus einem düsteren Alptraum erwacht, schreckte Barth hoch. »Matisse!« Mit einem Satz war er vom Bock und reckte am ausgestreckten Arm die Laterne in das Dunkel. Und dort stand sie, Matisse. »Mädchen«, sagte er leise und ein Gefühl durchflutete ihn, wie er es so noch niemals gespürt hatte. »Matisse«, flüsterte Barth mit erstickter Stimme, ging langsam auf sie zu und schloss sie in die Arme. Tropfnass war sie, genau wie er, keinen trockenen Fetzen mehr am Leib.

Wie glücklich war sie, als die Mühle endlich aus der Dunkelheit auftauchte. Matisse schloss die Augen und atmete tief. Noch immer fiel Regen. Barth spannte den Braunen aus, führte ihn in den Stall und rieb ihn mit Stroh ab. Sie kam hinzu, half ihm. Der Braune dampfte. Barth lächelte unsicher und sah sie an. Er hob die Hände, wollte entschuldigende Worte sagen, doch sie verschloss ihm mit dem Zeigefinger den Mund und schüttelte den Kopf. Seit dieser Nacht schlief Matisse nicht mehr im Stroh.

So als wäre nichts geschehen, ging es am nächsten Tag mit der Arbeit weiter. Obwohl es so schien, als sei alles in bester Ordnung, war Barth doch sehr verunsichert. Immer wenn er Matisse anschaute, antwortete diese ihm mit einem verschmitzten, hintergründigen Lächeln und gab ihm damit das Gefühl, sich nun gänzlich in ihrer Hand zu befinden.

An diesem Abend saßen die beiden beim Abendbrot. Seit Matisses Rückkehr hatte sich etwas verändert. Es machte Barth zu schaffen, er wusste ganz und gar nicht wie er ihr Verhalten deuten sollte. Immer dann, wenn er versuchte auf jenen Tag zu sprechen zu kommen, dann blockte sie ab, verließ manchmal sogar den Tisch und ließ ihn alleine dort sitzen.

»Hör mal, Matisse. Ich hab dich nie gefragt wo du herkommst. Wenn du nicht willst, dann musst du es mir nicht sagen. Ich bin glücklich, dass du hier bist und ich hoffe sehr, dass du bei mir bleibst. Ich ..., wie soll ich es dir bloß sagen? Ich ...«

»Du hast Angst, dass ich wieder abhaue.«

Barth sah sie an, dann nickte er stumm.

»Wo könnte es mir denn besser gehen als hier bei dir? Warum

sollte ich weggehen?«

»Seit jenem Tag hast du dich verändert, Matisse.«

»Ja«, sie nickte nachdenklich, »seit jenem Tag hat sich vieles verändert, und du Barth, du bist auch nicht mehr der Gleiche.«

Verwirrung lag im Blick des Müllers, als er sie nun anschaute. »Was soll sich denn bei mir verändert haben?«

»Seit diesem Tag hast du eine Frau im Bett.«

Barth blickte sie völlig verständnislos an.

»Barth, sag mir doch einfach, was du seit jener Nacht fühlst. Sag mir, dass ich für immer bei dir bleiben soll. Sag mir alles was du willst.« Sie lächelte zu ihm hinüber.

»Ich ..., ich ..., Matisse ich ...«

»Sag mir doch einfach, dass du mich liebst. Sag mir, dass du seit jener Nacht selig bist, und sag mir, dass ich für immer hier bleiben soll.« Sie sah ihn an und wiegte das Messer, mit dem sie eben noch ein paar Scheiben vom dunklen Brot geschnitten hatte, in der Hand.

Barth lächelte, er lächelte so wie er es immer tat, wenn er verlegen war.

»Also gut«, Matisse schleuderte das Messer in einen Balken, der gut acht Schritte weit entfernt stand. »Jetzt will ich dir einmal etwas sagen, Müller. Seit Wochen schleichen wir beide herum, wie zwei Katzen um den heißen Brei. Ich bin schon ganz dünn geworden vor lauter Magenschmerzen und du, Müller«, sie deutete mit dem Finger auf ihn, »dir geht es nicht anders, das sehe ich doch!«

Barth stand auf, ging zu ihr und schloss sie fest in die Arme. Er zerdrückte sie beinahe, er küsste sie stürmisch und dann trug er sie hinauf in die Schlafkammer.

Die Nachrichten, die zu ihnen drangen waren gar nicht gut. Erste französische Soldaten wurden bereits bei Prüm gesichtet. Von diesem Tag an trug Matisse immer einen Dolch bei sich, mit dem sie auch sehr gut umzugehen wusste. Auch ihr langes pechschwarzes Haar hatte sie abgeschnitten. »Mich packt niemand mehr am Haar«, hatte sie ihm auf seine Frage hin geantwortet. Manchmal beobachtete er sie, wie sie das Messer warf. Auf zehn Schritte traf sie den Stirnbalken neben dem Scheunentor, der nicht größer als ein Teller war. Sie traf immer und nicht nur mit der Rechten. Er hatte beobachtet wie sie das Messer warf, und nur Sekunden später schleuderte sie mit der linken Hand einen weiteren Dolch, der dann einen Daumenbreit neben dem anderen im Holz stach.

Barth sorgte sich um sie, doch er fürchtete sich auch ein wenig vor ihr. Was sollte er denn bloß tun wenn plötzlich Soldaten vor ihm standen? Er war ein einfacher Müller, er konnte doch nicht gegen solche Burschen kämpfen!

Der Tag, den er so sehr fürchtete, kam schneller als er geglaubt hatte. Sechs waren es. Die Uniformen verdreckt und zerlumpt, so waren sie den Weg herabgekommen und standen nun im Hof der Mühle. Von Matisse war weit und breit nichts zu sehen.

»Glück zu«, begrüßte Barth die Soldaten ehrfürchtig. Er bemühte sich unbefangen zu lächeln, doch die Beine schlotterten ihm gewaltig. Alleine dieses arglistige Grinsen der Fremden jagte ihm schon mächtige Angst ein.

Einer der Lumpen trat hervor. »Bonjour, Monsieur Müller. Wir sind französische Soldaten und uns plagt der Hunger. Im Haus habt ihr bestimmt etwas Gutes für uns.« So wie der Franzose ihn ansah, fröstelte es Barth.

"Ranzenmühle"

"die Arbeit ist getan"

»Sicher, sicher«, beeilte er sich zu sagen, »komm doch herein, bitte.« Unter dem Gelächter der Soldaten stolperte Barth ins Haus. Sie folgten ihm, bis auf zwei, die draußen Wache zu schieben hatten.

Barth holte Schinken, er holte Brot und stellte einen Krug Bier auf den Tisch. Erst ganz allmählich fasste sich der Müller wieder ein wenig. Wenn bloß Matisse nicht noch erscheint, dachte er, und alleine der Gedanke an sie beunruhigte ihn mehr als alles andere.

»Wo ist denn die Müllerin?«, wollte einer der Kerle nun von ihm wissen. »Da gibt es doch sicherlich eine?« Der Franzose stand auf, kam auf Barth zu und packte ihn.

»Ja ..., nein es gibt keine Müllerin«, log Barth zitternd und er wusste nur zu gut, dass keiner der grölenden Kerle ihm auch nur ein einziges Wort glaubte.

»Na schön, es gibt keine Müllerin«, stellte der Fremde fest und blickte sich um. »So ordentlich wie die Stube hier aussieht, gibt es doch eine Müllerin, denke ich«, und dabei schüttelte er Barth so heftig, dass dem die Mütze vom Kopf fiel. »Nun gut Müller, wo keine Frau ist, die das Geld ausgibt ..., wo hast du es versteckt? Na?«

Barth wusste nicht wie ihm geschah. Eine harte Faust traf ihn im Magen, sein Kopf krachte auf den Tisch und im nächsten Moment packten ihn zwei Hände und rissen ihn hoch. Blut lief ihm von der Stirn und tropfte aus der Nase.

»Wo hast du das Geld versteckt?« Barth flog durch die Luft und landete sehr unsanft in der Ecke bei der Tür. Durch das offene Fenster drang das Lachen der Soldaten bis auf den Hof hinaus. Einer hatte derweil das Fässchen Wein in der Ecke entdeckt und der Wein tat bei ihm auch schon sehr bald seine

Wirkung. Den völlig verängstigten Müller packten sie am Kragen und schleiften ihn hinaus. »Jetzt werden wir deinem Gedächtnis einmal auf die Sprünge helfen. Vielleicht fällt dir doch noch ein, wo das Geld ist oder wo sich die Müllerin herum treibt.«

Als der Soldat hinaustrat ließ er Barth augenblicklich fallen und griff nach seinem Säbel. Auf dem Hof lagen die beiden Wachen tot in ihrem Blut. Obwohl niemand zu sehen war und da im Augenblick offensichtlich keine Gefahr drohte, steckte er nur zögerlich die Waffe weg und dann packte er Barth erneut. Er hob ihn so hoch bis des Müllers Augen auf einer Höhe mit den seinen waren. Barth tastete mit den Füßen nach dem Boden, aber da war kein Boden mehr. Das Lachen war nun gänzlich aus dem Gesicht des Franzosen gewichen. »Wer ist noch hier?«, fragte er leise und es lag mehr als ein Drohen in seiner Stimme.

Barth zappelte, Barth stotterte. Sollten sie mit ihm doch machen was sie wollten, Matisse würde er niemals verraten!

»Nun gut, Müller. Wir werden sehen.« Sie schleiften Barth hinüber zu der Giebelseite des Mühlenhauses, wo unter dem Dach der Firstbalken weit herausragte. Daran befestigt war eine Rolle in der ein daumendicker Hanfstrick lief. Der Müller benutzte die Vorrichtung um die schweren Maltersäcke auf den Speicher zu hieven.

Jetzt schlangen sie ihm den Strick um den Körper und zuletzt noch einmal um den Hals, so dass Barth schon jetzt heftig nach Luft rang. Die Luke unter dem Dachfirst wurde knarrend aufgestoßen, einer der Soldaten tauchte dort oben auf und band einen der schweren Maltersäcke an das Ende des Stricks. Drunten, im Hof der Mühle blickte der Franzose derweil Barth tief in die Augen. »Gleich wirst du dort oben baumeln«, und er wies zum Dach hinauf, »es sei denn, dir fällt noch ein, wo du dein Geld versteckt hast.«

Selbst wenn er es gewollt hätte, Barth hätte gar nicht reden können. Der Strick lag so eng um seinen Hals, dass er ausschließlich damit beschäftigt war nach Luft zu schnappen.

Als der Soldat grinsend zu der Luke hinaufblickte und dem anderen zunickte, stieß der den Sack hinaus. Das Seil spannte sich, der Müller schwebte nach oben und der Sack sank nach unten.

»Sag uns Bescheid, wenn du es dir überlegt hast. Wir sehen uns derweil ein wenig um.«

Ein Krachen und lautes Gepolter lenkte die Aufmerksamkeit der Soldaten auf eine Tür des Mühlenhauses. »Öffnen!«, befahl der Wortführer und sofort sprang einer seiner Kumpane herbei. Nur mit großer Mühe gelang es ihm die Tür zu öffnen. Mit gebrochenen Gliedern und mit verdrehten Augen lag der Franzose vor ihnen, der eben noch oben den Maltersack hinabgestoßen hatte.

Drei Tote hatten sie nun und wütend und sehr bestürzt sahen sich die übriggebliebenen Männer einander an. »Ich werde dieses Haus jetzt auf den Kopf stellen und wen immer ich finde, ich werde ihm die Haut in Streifen vom Leibe schneiden! Guy, du kommst mit mir, Luss du passt hier auf. Aber ich sage dir eines: Halte deine Augen offen, sonst siehst du das Morgenrot nicht mehr!« Dann verschwanden die beiden im Haus.

Mit dem Rücken zur Wand stand der Franzose, den sie Luss genannt hatten, nun neben der Tür. Die Flinte mit dem aufgepflanzten Bajonett hielt er abwehrend vor sich und blickte finster über den Hof. Matisse kam den Weg herab, hielt einen Korb im Arm und war offensichtlich guter Dinge. Ohne jegliche

Angst ging sie auf den Soldaten zu, so als würde sie ihn schon ewig kennen.

»Stehen bleiben!«, befahl er mit brüchiger Stimme, als sie bis auf zehn Schritte herangekommen war.

»Aber ich bin die Müllerin, ich wollte euch etwas zu trinken bringen.« Matisse griff in den Korb.

Er sah das Messer und er sah es auf sich zu fliegen, doch noch ehe er zu irgendeiner Bewegung fähig war und noch bevor er einen Schrei von sich geben konnte, steckte der Dolch tief in seinem Herzen. Entgeistert blickte der Franzose auf den dunklen Schaft, der aus seiner Brust ragte. Mühsam hob er die Hand, erreichte mit den Fingerspitzen gerade noch den kalten Stahl, dann kippte er zur Seite. Matisse war verschwunden.

»Lass uns von hier abhauen, Claude, ich bitte dich. Komm, wir zünden die Mühle an und verschwinden, komm, lass uns gehen!« Der Franzose kniete neben dem Toten Luss und blickte zu dem anderen empor.

»Lass uns gehen, Claude, das hier geht doch nicht mit rechten Dingen zu. Wir werden noch alle sterben!«

»Dort drüben kommt die Müllerin.« Der Soldat deutete zu dem Weg hin, den Matisse sichtlich gut gelaunt herabkam. Beim Anblick der beiden Soldaten verstummte ihr Gesang augenblicklich und sie stockte.

»Komm her!«, befahl Claude sichtlich gereizt.

Matisse folgte nur langsam seinem Befehl und bestürzt blickte sie auf den am Boden liegenden Luss, aus dessen Brust ein tiefrotes Rinnsal entsprang, das sich langsam über den Hof ausbreitete. Angewidert ging sie ein paar Schritte zurück.

»Ich sagte, du sollst herkommen, Weib! Was ist in dem

Korb?«

Die Müllerin betrachtete den Korb, den sie in der Hand trug, als würde sie ihn in diesem Augenblick zum ersten Mal sehen.

»Gib schon her!«

Langsam, als stünde sie auf schwankendem Boden, ging sie auf den Soldaten zu und reichte ihm vorsichtig den Korb. »Äpfel, Brot, Schmalz, ich ...«

»Halts Maul!«

Erschrocken ging Matisse einen Schritt zurück. Und dann erblickte sie den armen Barth, der hoch droben am Firstbalken hing und kaum noch zappelte. »Oh Gott, was habt ihr mit ihm gemacht?«, kreischte sie und wollte hinüberlaufen. Blitzschnell packte der Franzose sie am Arm. »Dazu ist später noch Zeit. Erst das Vergnügen, meine Schöne!«

Matisse wehrte sich, schrie, bis der Soldat ihr hart ins Gesicht schlug. Einmal, zweimal und noch einmal. Blut tropfte von der aufgesprungenen Lippe.

»Erst kommt das Vergnügen, sagte ich.« In freudiger Erwartung zog er sie hinter sich her zum Stall. »Du hältst derweil die Stellung, Guy, darfst ja gleich auch einmal.« Grinsend verschwand er mit der Müllerin in der Stallung. Der Braune wieherte und blickte beide mit großen sanften Augen an. Mit einem Wimmern landete Matisse im Stroh. Der Franzose hatte es eilig, riss sich die Fetzen seiner Uniform vom Leib. Dann lag er auch schon auf Matisse.

»Nicht, bitte nicht«, flehte die Müllerin, doch die Worte hörte der Franzose schon nicht mehr. Verzweifelt versuchte er sich aufzurichten, starrte Matisse mit weit aufgerissenen Augen an, bevor er schließlich leblos auf sie herabsackte.

»So, du Scheißkerl, jetzt gib mir sofort mein Messer zurück!«

Mühsam zog sie den Dolch aus der Brust des toten Soldaten, blieb aber noch unter ihm liegen.

Was ist das nur für ein Idiot dort draußen, dachte sie nach einer Weile und keuchte unter der Last des toten Körpers, wobei sie nicht vergaß einige Male kräftig zu stöhnen. *Hoffentlich steckt er bald den Kopf herein.* Doch nichts geschah. Gerade schon wollte Matisse unter dem Toten hervorkriechen, als die Silhouette des letzten Soldaten in der Tür auftauchte.

"Mohnblüte"

»Wie lange soll denn das noch gehen, Claude? Komm ich denn auch noch an die Reihe?«

»Du bist jetzt an der Reihe, mein Kleiner«, zischte Matisse heiser, hob den Arm und schleuderte dem Soldaten das Messer entgegen. Augenblicklich verschwand er aus der Türöffnung und es wurde hell. Sonnenstrahlen fluteten durch die offen stehende

Tür bis weit in den Stall hinein. Millionen winziger Staubkörnchen tanzten darin umher. Matisse wand sich unter ihrer Last heraus, stand auf und ging zur Tür. Der Franzose lag auf dem Rücken, Arme und Beine weit von sich gestreckt. Aus seiner Brust ragte das Messer.

Die Müllerin klopfte sich das Stroh aus dem Kleid und kniete neben dem Sterbenden nieder. Sie blickte in ein sehr junges Gesicht. »Na, mein Kleiner, war's das denn wirklich wert? Einen guten Rat gebe ich dir noch mit ins Jenseits: Lass dich niemals mit einer Zigeunerin ein! Das kann tödlich enden, wie du gerade erfahren hast.«

Seine Lippen bewegten sich, mühevoll versuchte er zu sprechen, sah Matisse aus flehenden Augen an, dann neigte er den Kopf langsam zur Seite und das Leben wich aus seinem Körper.

Barth! Den hatte sie doch ganz vergessen. In Panik rannte Matisse hinüber zum Mühlenhaus, wo Barth noch immer in luftiger Höhe baumelte. »Barth, Barth«, schrie sie zu ihm hinauf, doch der Müller rührte sich nicht mehr. Sie zog den Dolch und schlitzte den schweren Maltersack auf, dass das Korn allmählich herausrieselte, half nach, schüttelte die Körner heraus bis die Last so leicht wurde, dass der Müller herabschwebte. Dann kappte sie das Seil. Neben ihr schlug der Sack auf den Boden und der Rest der Körner verteilte sich weit über den Hof.

»Barth, kannst du mich hören, Barth!« Der Müller regte sich nicht, doch Matisse konnte unter seinem Wams noch den Schlag seines Herzens fühlen. Sie schnitt die Stricke los, holte schnell einen Eimer Wasser und goss ihn über Barth. Mühsam öffnete er die Augen und sah sie an. »Matisse«, krächzte er mit heiser Stimme, »Matisse.«

»Still! Sprich nicht, mein Lieber«, hastig sie reichte ihm

einen Becher an den Mund.

»Matisse«, ein anderes Wort konnten seine Lippen nicht formen.

Sie hielt seinen Kopf und lächelte, »es wird alles gut werden, Barth«, flüsterte sie.

Einige Tage später war Barth wieder auf den Beinen. Ein wenig heiser sprach er noch, doch abgesehen von einigen Beulen ging es ihm recht gut. Matisse hatte die Leichen der Soldaten in Mehlsäcke gesteckt und auf den Wagen geladen. »So, jetzt noch ein paar Säcke Mehl drauf und dann ab!«

»Matisse, wir beide werden gewiss hängen, wenn uns die Franzosen erwischen!«

Matisse geriet in Rage. »Müller, jetzt hör mir einmal gut zu.« Immer wenn sie ihn Müller nannte, dann wusste Barth, dass nun ein Wirbelsturm über ihn hinwegbrausen würde. »Sag mir Müller, was wir mit diesen Kerlen tun sollen?«

»Ich ...«

»Du weißt es nicht, natürlich weißt du es nicht! Ich mache dir jetzt einen Vorschlag, Barth: Wir lassen sie in der Sonne liegen, bis sie getrocknet sind, dann düngen wir mit ihnen die Gurken. Wäre das in deinem Sinne, Müller?«

»Aber Matisse ...«

»Wäre das in deinem Sinne, Barth?«

Nun wurde es aber wirklich gefährlich für ihn. »Nein, Matisse. Wir tun was du für richtig hältst.«

»Dann pack ein paar Säcke Mehl auf die Kerle drauf! Los!«

Barth tat es. Bebend spannte er nun den Braunen vor den Karren. Matisse rutsche neben ihn auf den Bock und sie fuhren los.

Gegen Mittag erreichten sie einen unwegsamen Ort mitten im Wald. Tiefe Schluchten, in denen in früheren Zeiten einmal Steine gebrochen wurden, säumten den Weg. »Dort wirfst du sie hinein. Ich sehe mich derweil ein wenig im Wald um, nicht dass wir noch eine Überraschung erleben.« Matisse verschwand im Dickicht.

Als sie gegen Abend zur Mühle zurückkehrten, war Barth mit den Nerven am Ende. Matisse sah ihn an. »Mein Müller, ist doch alles in Ordnung.« Sie schloss ihn in die Arme. »Höre auf Matisse und es geht dir gut«, flüsterte sie lächelnd und küsste ihn.

»Ich glaube nicht, dass das richtig war, was wir getan haben«, sagte Barth leise.

»Was ich getan habe, das war richtig. Hätte ich es nicht getan, wären wir beide jetzt nicht mehr am Leben. Vielleicht wird man die Kerle vermissen, vielleicht auch nicht. Wir haben mit ihrem Verschwinden doch nichts zu tun, nicht wahr?«

»Ja«, stammelte Barth, »ja, da hast du Recht!«

Zwei Wochen später, die Sonne sank bereits, kam ein Trupp französischer Soldaten den holprigen Weg zur Mühle herabgeritten. Zehn mochten es sein, oder gar mehr. Barth erstarrte und er erahnte, dass nun sein Ende bevorstand. Matisse war nicht zu sehen.

»Glück zu, Glück zu«, begrüßte er eifrig den ersten Reiter, der wohl ein Offizier oder ähnliches war, denn seine Uniform war prächtiger als die der anderen. Barth zitterte wie Espenlaub und irgendwie fühlte er sich schon so gut wie tot.

»Seid ihr der Müller?«

Barth nickte ergeben, verbeugte sich gar, »jawohl, der bin

"die Brücke"

"die Kirche im Dorf"

ich, ja.«

»Ich habe mit Euch zu sprechen, Müller.«

»Ja, sicher«, murmelte Barth ganz aufgeregt, »kommt doch herein, bitte.«

Der Offizier und ein weiterer Soldat folgten Barth in die Stube. Sie sahen sich um.

»Gemütlich habt Ihr es. Wo ist die Müllerin?«

Oh mein Gott, dachte Barth, fängt das jetzt schon wieder an! »Es ..., es gibt keine Müllerin«, stotterte er zitternd.

»Hm, äußerst ungewöhnlich, dass ein Mann die Stube so ordentlich hält.«

»Ich bin ..., ich bin ein anständiger ...«

»Müller«, ergänzte der Soldat lächelnd den Satz. »Sagt mir, Müller, warum habt Ihr Angst vor uns?«

Nun sah Barth den Franzosen zum ersten Mal richtig an. »Man hört so viel, und meist ist es nichts Gutes was man hört.«

»Was zum Beispiel?«

»Ach, Herr Offizier, warum quält Ihr mich? Ich ..., ich habe doch nichts getan.« Barth schlotterten die Knie.

Der Soldat lachte. »Ihr habt Recht, guter Mann. Nun, ist Euch denn bekannt, dass das Rheinland gänzlich von unseren Truppen besetzt ist?«

Das war Barth nicht bekannt. Er schüttelte den Kopf.

»Ihr werdet sicherlich einsehen, dass unsere Soldaten auch essen müssen.«

Barth nickte eifrig.

»Ab sofort liefert Ihr nicht mehr den Zehnten an euren Lehnsherrn ab. Von nun an liefert Ihr an Frankreich. Wir müssen schließlich unsere Truppen verpflegen. Ihr liefert jede Woche eine Fuhre Mehl an uns, damit steht Ihr und diese Mühle unter unserem Schutz.«

Ungläubig sah Barth den Franzosen an.

»Was ist mit Euch? Seid Ihr nicht einverstanden?«

Barth nickte. »Doch, doch Herr Offizier, sicher, sicher bin ich einverstanden.«

»Na denn«, die beiden Soldaten standen auf und traten auf den Hof hinaus. Der Offizier blickte sich um. Matisse bog um die Hausecke, in ihrer Hand blitzte ein Messer. Barth traf der Schlag. Viel hätte nicht gefehlt und er wäre augenblicklich umgekippt.

»Oh die Müllerin, charmant!« Der Soldat zog sogar den Hut vor ihr. Barth musste sich an der Hauswand abstützen. Matisse nahm einen Apfel aus der Schürze und dann hob sie das Messer – schnitt den Apfel in zwei Teile und reichte die eine Hälfte dem Offizier, in die andere biss sie selbst hinein.

„im Schatten der Bäume"

Was zählt

Die Sonne tief im Westen steht,
Stunde zwischen Tag und Traum.
Still und sacht der Tag vergeht,
und der Mensch bemerkt es kaum.

Hastet jeden Tag nach Geld,
viel zu viel, er braucht's doch nicht.
Weiß nicht mehr was heute zählt,
er tut mir leid, der arme Wicht.

Sommermorgen in dem Tal,
kühler Bach und Sonnenschein.
Doch er kennt nur die täglich Qual,
voll Hektik in den Tag hinein.

Weiß nichts von bunten Schmetterlingen,
von Blumenwiesen hoch am Berg.
Auf der Jagd nach „wicht'gen" Dingen,
weiter so, du armer Zwerg.

Bunte Blätter fallen bald,
Tau bedeckt die Welt.
Müde ist er jetzt und alt,
tiefer Zweifel nagt und quält.

Sein Leben geht schon bald zu Ende,
er hat 'ne Menge Geld.
Viel zu spät ist es zur Wende,
er lebte schnell, vergaß was zählt.

Seit Menschengedenken durchstreiften sie schon die dunklen Wälder, die kargen Heideflächen und die Moore von Eifel und Ardennen: Wölfe. Zusammen mit Bär und Luchs sorgten sie für das Gleichgewicht in der Natur. Sie rissen die alten und kranken Tiere und sorgten so für gesunde Bestände.
In Gerolstein, dem kleinen Ort an der Kyll war der Markt zu Ende. Die Bauern fuhren mit ihren Gespannen mehr oder weniger zufrieden nach Hause zurück auf ihre Höfe. Die meisten Felder waren schon abgeerntet, und der Sommer neigte sich seinem Ende entgegen. Auf den Weiden stand das Rindvieh und die Hirten zogen mit den Schafen und Schweinen umher.

1888 Die Wölfin

Regen fiel aus einem grauen Himmel. Schon seit dem Morgen prasselten die Tropfen unaufhörlich hernieder und die massigen Regenwolken machten überhaupt keine Anstalten weiterzuziehen. Dunst stieg vom Talgrund auf, trieb zu den Berghängen hinüber und verlor sich zwischen den dunklen Tannen.

Lang ausgestreckt unter einer Felsnase lag die Wölfin und blickte hinab in das weite Tal. In der frühen Morgendämmerung hatte sie unten an der Kyll ein verletztes Reh gerissen. Eigentlich war es gar keine richtige Jagd gewesen, denn der kleine Rehbock war durch eine Kugel so schwer verletzt worden, dass er kaum flüchten konnte. Ein Biss in die Kehle und sie hatte seinem Leiden ein Ende gesetzt. Ylka hob den Kopf und nahm Witterung auf. Irgendwo raschelte es im Unterholz, doch die

Wölfin war satt und bei diesem Wetter stand ihr nicht der Sinn, den Wald zu durchstreifen. Sie putzte ihr Fell, schob sich weiter nach hinten zur trockenen Felswand hin, legte den Kopf zwischen die Pfoten und döste schließlich ein. Vielleicht träumte sie von ihrem kleinen Rudel, doch das gab es nicht mehr. Ylka, die Alpha Wölfin, war einsam. Es gab keinen Rüden, der ihr die Schnauze geleckt hätte, oder an den man sich nach erfolgreichen Jagden hätte kuscheln können. Ylka würde einsam bleiben, denn Ylka war der letzte Wolf in der Eifel.

Ein Eulenruf weckte sie auf. Aufmerksam reckte sie die Nase in den Wind und stellte die Ohren. Der Regen hatte aufgehört. Weit im Westen stand der Mond über den Eifelbergen. Die Wölfin streckte sich, lief ein paar Schritte bis zum Rand der Felsen und blickte in die vom fahlen Mondlicht beschienene Ebene. Lange stand sie dort, unbeweglich, dann legte sie den Kopf weit zurück in den Nacken und ein wehmütiges Heulen hallte durch das dunkle Tal. Noch einmal rief sie, lang und klagend und dann lauschte sie in die Finsternis. Keine Antwort, nur das leise Rascheln der Blätter im Wind! In ihren Augen spiegelten sich die Sterne, doch wäre es nicht Nacht gewesen, man hätte auch die Traurigkeit in den Augen der einsamen Wölfin sehen können.

Durch das Gewirr der Felsen lief sie hinab zur Kyll. Die Ufer des kleinen Flusses waren ein gutes Revier zum Jagen, und wenn es sein musste, dann konnte sie auch schnell zum anderen Ufer hinüberwechseln. Ein Rudel Rotwild äste in Ufernähe, doch alles starke Tiere. Viel zu gefährlich, einen Angriff zu wagen! Ylka lief weiter am Ufer entlang. Ein paar
Hasen tobten im Dämmerlicht des neuen Tages. Sie startete einen Angriff, aber eher halbherzig. Zu mühsam war es diese

flinken Langohren zu fangen, obwohl es ihr schon des Öfteren gelungen war.

"die Wölfin"

Nebel sammelte sich in den Mulden. Erstes Vogelgezwitscher drang aus den Hecken und über den östlichen Bergen färbte die Sonne einen Streifen Himmel rot. Ylka entschloss sich zum Sumpf zu laufen. Dort gab es immer eine Menge Enten und eine solch erfahrene Wölfin, wie sie es war, würde dort ganz sicher Beute machen. Auf leisen Pfoten pirschte sie durch das Schilfrohr, geduckt, die Schnauze weit nach vorn geschoben. Dort drüben zwei Enten! Doch dann fuhr ihr der Schrecken in die Glieder! Tief kauerte sie sich ins mannshohe Schilf, blieb unbeweglich liegen. Zweibeiner! Zwei Fischer, die ihrer Beschäftigung nachgingen. Ylka mied sie, wo sie nur konnte, diese

zweibeinigen Geschöpfe. Behutsam, ohne dass sich ein Halm bewegte, zog sich die Wölfin zurück.

Mittlerweile war es jedoch schon so hell geworden, dass sie sich entschloss, in das Labyrinth der Felsen zurückzukehren. Zu gefährlich war es bei Tageslicht auf den offenen Flächen umherzulaufen. Ylka durchschwamm die Kyll, schüttelte das Wasser aus dem dichten Pelz und hielt die Nase in den Wind. Es roch nach Zweibeiner, doch hier in Sichtweite ihrer Behausungen war das nichts Ungewöhnliches. Beinahe überall roch es nach diesen Wesen. Vorsichtig lief sie durch die feuchte Wiese, immer wieder den Kopf hebend und umherspähend. Beinahe hatte sie den Waldrand erreicht. Ein scharfer Knall. Ylka hob den Kopf, schaute angestrengt in die Richtung aus der das Geräusch gekommen war. Wieder ein Knall. Vor ihr fuhr etwas zischend in den Boden. Ylka sprang ein paar Meter zur Seite. Ihre Flanke zitterte. Die Wölfin hatte Angst. Sie stemmte die Pfoten fest in den Boden.

Den Knall hörte sie und in der gleichen Sekunde zerschmetterte die Kugel ihre linke Pfote, warf sie herum, sodass sie hinter einem niedrigen Busch zu liegen kam. Augenblicklich stand sie wieder auf den Beinen, doch der Schmerz ließ sie erneut einbrechen. Zweibeiner! Obwohl der Schmerz fürchterlich stach, hetzte sie auf den Wald zu. Jetzt ging es um ihr Leben, das wusste Ylka. Zweimal noch schlugen Kugeln zischend in ihrer Nähe ein, dann hatte sie den Wald erreicht. Sie rannte weiter, ohne Ziel immer weiter, nur weg von diesen schrecklichen Wesen, weiter, weiter! Der Wald wurde dichter. Umgestürzte Bäume versperrten den Weg, Felsen türmten sich auf. Ylka zwängte sich hindurch, quälte sich den Hang hinauf und blieb dann schließlich hechelnd unter der riesigen Wurzel einer umgestürzten Tanne liegen.

Wie betäubt rang sie nach Luft. Vor Erschöpfung spürte sie die Pein kaum, erst als sie sich bewegte und stellen wollte, schoss der Schmerz bis in die Schulter. Mit kläglichem Jaulen fiel Ylka zur Seite. Sie leckte die verletzte Pfote, immer wieder, wieder und wieder.

Stunden lag sie dort. Der Schmerz biss in die Pfote. Durst quälte sie. Mühsam stellte sie sich auf die Beine. Sonnenstrahlen zwängten sich durch die Blätter der mächtigen Buchen und malten helle Flecken auf den Waldboden. Als sie mit der zerschmetterten Pfote auftrat, zuckte sie zusammen und winselte kläglich. Sie musste weiter, sie musste etwas trinken! Jeder Schritt wurde zur Qual. Doch Ylka hatte Glück. Nur ein paar Meter weiter fand sie eine Quelle, aus der Wasser tropfte. Nicht viel, doch es reichte um den Durst zu stillen.

Vier Tage waren vorüber. Ylka hatte nichts gefressen. Die verletzte Pfote war entzündet und eiterte. Wütend biss sie hinein, würde sie am liebsten abbeißen, um den Schmerz endlich loszuwerden. Sie hatte Wölfe gesehen, die sich das Bein abgebissen hatten, nur um aus einem Tellereisen, in das sie geraten waren, zu entkommen. Doch für einen Wolf mit drei Pfoten stand das Todesurteil fest! Noch einmal biss sie in die Pfote. Blut und Eiter tropfte aus der Wunde. Irgendwann würde es heilen, das ahnte sie – doch wann?

In der Nacht erwachte Ylka aus einem Dämmerschlaf. Düstere Träume hatten ihre Muskeln im Schlaf zucken lassen. Die Wölfin blinzelte zu den dunklen Baumkronen empor. Manchmal konnte sie den Mond durch die Blätter erspähen. Ein paar Tage noch und er würde voll und rund am Firmament stehen. Immer wenn der volle Mond am Himmel stand, dann waren auch die zweibeinigen Wesen unterwegs. Und in solchen Nächten knallte es dann viel häufiger als sonst. Ylka wusste das und sie würde in den nächsten Nächten noch vorsichtiger sein.

"Herbst an der Kyll"

An der Quelle erbeutete sie zwei Kröten, die sie gierig hinunterschlang. Doch was war das schon für einen hungrigen Wolf! Egal wie gefährlich das Unternehmen war, sie musste hinab ins Tal. Nur dort konnte sie auf leichte Beute hoffen.

Mehr auf dem Bauch rutschend als laufend erreichte sie schließlich das Tal der Kyll. Ein paar Meter weit lief sie in die Wiesen, blieb aber immer ganz nahe dem Waldrand, um sofort flüchten zu können, wenn es darauf ankam. Die Pfote schmerzte schrecklich. Plötzlich drang das Blöken von Schafen herüber. Obwohl ein solches Schaf eine leichte Beute war, schlug sie einen weiten Bogen um die Koppel. Wo diese Tiere blökten, da gab es auch Hunde. Meist waren es große Hunde, Verwandte von ihr, doch sie hatten ihre Natur verraten und waren zu erbärmlichen Dienern der Zweibeinigen mutiert.

Ylka folgte einem kleinen Bachlauf. Der Mond stand nun hoch und legte sein silbernes Licht über die weite Talaue. Im Schatten des dichten Uferbewuchses war die Wölfin beinahe nicht zu sehen. Ein raues, knarrendes Krächzen unmittelbar vor ihr ließ sie innehalten. Ihre scharfen Augen hatten zwei Birkhühner erspäht, die ganz offenbar die Gefahr erahnend, sich tief ins Gras duckten. Ylka hatte sie trotzdem entdeckt. Mit einem weiten Satz, den stechenden Schmerz in der Pfote verachtend, hatte sie eines der Hühner gepackt.

Die Mahlzeit war nicht übel, dachte Ylka, doch nun wurde es auch Zeit zu verschwinden. Noch immer stand der Mond hell am Himmel, doch im Osten zog bereits der neue Tag herauf. Ylka lief den Weg zurück, den sie gekommen war. Immer noch konnte sie das verletzte Bein nicht belasten. Und dann war er wieder da: der Geruch der Zweibeiner. Vorsichtig hob die Wölfin den Kopf und streckte die Nase in den Wind. Ein Schuss krachte und Ylka taumelte. Ihre Hinterläufe knickten ein. Vor Schmerz heulte sie laut auf, versuchte fortzulaufen, doch sie hatte keine Kraft mehr. Wieder krachte ein Schuss. Die Kugel durchschlug ihr Rückgrat. Ylka fiel zur Seite. Sie blickte hinauf zum Mond und ein klagendes Heulen entwich ihrer Kehle. Was konnte sie jetzt noch retten?

Ein Schatten fiel auf ihren Körper. Mühsam hob sie den Kopf und blickte den Zweibeinigen aus angstvollen Augen an. Wieder krachte ein Schuss und dann verlosch Ylkas Leben.

Blut sickerte aus ihrer Schnauze und rann über das silbergraue Brustfell. Ihre schönen bernsteinfarbenen Augen starrten ins Nichts. Der Zweibeinige lachte. Ylka war tot.

Im Jahre 1888 wurde nahe Auel bei Gerolstein der letzte Wolf in der Eifel geschossen. In den Wochen zuvor war Ylkas Rudel Stück für Stück dezimiert worden, vergiftet, in Fallen gefangen und erschossen.

Sommernacht

Die Sonne ist versunken,
hinter'm nahen Wald,
Abendrot lässt Wolken leuchten,
die Nacht kommt allzu bald.

Alles gab mir dieser Tag,
er brachte Sonnenschein,
ließ die Sorgen winzig werden,
das Glück zog bei mir ein.

Über alles liebe ich,
diese lauen Nächte,
die Sternenflut am Himmelszelt,
glaub an geheime Mächte.

Der Mond steht tief im Süden,
die Grille zirpt von fern,
der Wind weht durchs Geäste,
Nacht, ich mag dich gern.

Ein Eulenruf vom Walde her,
und Plätschern an dem Teich,
ich träume und ich denke nur,
mein Gott, wie bin ich reich!

Das zünftige Reisen der Handwerker hat eine uralte bis ins späte Mittelalter zurückreichende Tradition. Während der ganzen Zeit muss der reisende Zunftgeselle seinem Heimatort bis auf fünfzig Kilometer fernbleiben. Die Reisezeit ist für jeden der Gesellen eine Lebensschule. Er gewinnt Selbstvertrauen und eine Menschenkenntnis, die es ihm ermöglicht fremde Menschen zu verstehen und zu beurteilen.

1860 Drei Jahre und ein Tag

Aus dem Grün der Büsche taucht es mit einem Mal vor mir auf, das alte steinerne Wegkreuz, umrahmt von drei Birken, die ihre Kronen wie ein schützendes Dach darüber recken. Die krumme Bank, gezimmert aus dünnen Fichtenstämmchen, genauso schief wie das Kreuz. Vögel zwitschern. Voller Demut betrachte ich das alte Kreuz. Ehrfürchtig spreche ich ein stilles Gebet und ich danke Gott, der in den letzten Jahren seine schützende Hand über mich gehalten hat.

Langsam, beinahe andächtig schreite ich durch die Wiesen und Äcker. Die Ernte ist schon eingebracht. Nur dort drüben stehen noch ein paar Garben. Hab' so ein Kribbeln im Bauch. Bald muss doch die Spitze des Kirchturms auftauchen! Die ersten Häuser. Der laue Sommerwind trägt den Geruch frisch gebackenen Brotes herüber. Tief atme ich den köstlichen Duft ein. Ich halte an und ich betrachte mein Dorf, meine Heimat. Drei Jahre Wanderschaft gehen zu Ende. Glockengeläut, der Pfarrer ruft zur Abendandacht. Wie angewurzelt stehe ich da, mit klopfendem Herzen. Meine Gefühle übermannen mich und ein paar Tränen kullern über die Wange, aber ich kämpfe nicht dagegen an. Mein Dorf! Hab' all die Jahre nicht gewusst, wie sehr du mir gefehlt hast.

Murmelnd fließt der Bach neben der gepflasterten Straße. Von den alten Kastanien, die den Bach säumen, haben sie zwei gefällt. Meine Schritte werden langsamer. Über den westlichen Bergkuppen färbt die untergehende Sonne den Himmel pfirsichfarben. Fliegen tanzen im letzten Sonnenlicht. Bei der alten Holzbrücke schau ich den Enten und Gänsen eine Weile zu, wie sie sich lauthals streiten.

Schon von weitem erkenne ich ihn. Tief gebeugt von der Last der Jahre stützt sich der alte Theis auf seinen Stock und setzt bedächtig einen Fuß vor den anderen. Vermutlich hat er sich in der Linde ein paar Gläschen Brandwein genehmigt. Der Alte hebt den Kopf und sieht mich an. Lange blickt er mich an – und dann ist da ein Lächeln. »Robert!«, sagt er dann mit brüchiger Stimme, »warst lange fort, Junge.« Ein schelmisches Grinsen und langsam geht er weiter. Bin einfach gerührt.

Kindergeschrei. Drüben unter den großen Kastanien spielen sie Murmeln. Bilder meiner eigenen Kindheit werden lebendig, als wir vor Jahren das gleiche Spiel an der gleichen Stelle spielten. Mit dem Absatz eine Kuhle in den Boden gebohrt. Da mussten sie dann hinein, die roten, die gelben und die blauen Lehmkugeln.

Hufeisen klappern hinter mir auf dem Pflaster. Ganz gemächlich kommt ein Gespann die Straße herauf. Hoch beladen der Wagen mit Korn. Vorn auf dem Bock sitzt der alte Philipp. Ich hebe die Hand und grüße ihn. Höflich nickt er zurück, doch ich merke, dass er mich nicht mehr erkennt. Drei Jahre sind eine lange Zeit!

Zur Linde. Unser Wirtshaus hat sich überhaupt nicht verändert mit den beiden mächtigen Bäumen rechts und links der Treppe. Die Tische und Stühle stehen genauso durcheinander da, wie das zu allen Zeiten der Fall war. Spatzen hüpfen herum und suchen nach ein paar übrig gebliebenen Brotkrummen. Der Gedanke einzukehren lodert nur ganz kurz auf, ich gehe weiter, ich will nach Haus!

"Eifeldorf"

Unser Schmied ist noch dicker geworden. Er wendet mir den Rücken zu. Den Vorderhuf eines braunen Gauls hat er gepackt und passt das Eisen an. Es stinkt nach verbranntem Horn. »Guten Tag, Heiner«, grüße ich ihn, »viel zu tun, was?«

Flüchtig wendet er den Blick und schaut mich an. »Mensch

Robert! Wieder im Lande!« Ein paar Minuten reden wir miteinander, ich erfahre Neuigkeiten. Drüben in der Esse flackert das Feuer. Der Schmied freut sich wirklich, dass ich wieder da bin und das tut verdammt gut.

Bin ein paar Meter weitergegangen. Aufgeregt wiehert das Pferd und ich höre den Schmied fluchen. Lachend drehe ich mich um. Nur noch ein paar Schritte, dann bin ich zuhause.

Kühe, eine kleine Herde ist auf dem Weg in den heimischen Stall. Ich schau ihnen nach, will schon weiterlaufen und dann sehe ich Gerda. Erschrocken bleibt sie stehen, schaut zu mir herüber und schlägt, eher aus Verlegenheit, der Rotbunten mit dem Stecken auf den Rücken.

»Hallo Gerda.«

Zögernd streift sie das blaue Kopftuch zurück und wischt verlegen eine Strähne blonden Haares aus dem Gesicht. »Robert!«

Wir blicken uns in die Augen und sogleich lodert das Feuer wieder auf, heißer und glühender als jemals zuvor. Ich kann nichts sagen, finde keine Worte und ich starre einfach nur in diese blauen Augen. Für eine Sekunde hört die Erde auf sich zu drehen. »Ich ..., ich muss zur Mutter«, stammele ich und wende mich zum Gehen. Gerda nickt. »Bleibst du?«, fragt sie leise und zaghaft, so als fürchte sie die Antwort.

»Klar«, sage ich, »die Zeit der Wanderschaft ist nun vorüber, endgültig.« Sie lacht fröhlich und läuft ihren Kühen hinterher.

Einen ganzen Kübel Glückseligkeit hat Gerda über mich ausgegossen. Meinem Herzen erwachsen Flügel und mit einem Mal kann ich nicht mehr begreifen, wie ich diese drei Jahre fern des Dorfes und ohne Gerda überstehen konnte.

Vor der Kirche steht unser Pastor. Graues volles Haar, und

ich glaube, er ist beinahe noch kleiner geworden. Doch niemand im Dorf, der nicht eine gehörige Portion Respekt vor ihm hat. Irgendwann, vor langen Jahren, hat er mich einmal mächtig verdroschen. Er wird es sicher nicht mehr wissen, doch mir ist es eine bleibende Erinnerung. Damals hatte ich es wohl auch verdient, denke ich. Natürlich erkennt er mich, kommt herüber und schüttelt mir freudig die Hand.

Und dort, gleich an der Biegung der Straße liegt es: mein Elternhaus. Ich taumle zwischen unbändiger Freude und ein bisschen Angst und für einige Sekunden wird mir schwindlig. Schwalben ziehen am Abendhimmel. Nachdenklich schaue ich ihnen hinterher. Nur noch ein paar Schritte. Der riesige Wallnussbaum, mit dem Misthaufen darunter. Mutter fegt gerade das Pflaster, sie bemerkt mich nicht. Das Federvieh gackert und streitet. Noch zögere ich, muss jetzt stark sein, will zeigen, dass aus mir ein richtiger Mann geworden ist. Unser Hund Rex kommt angelaufen, wird langsamer, so als überlege er, ob er den, der da auf den Hof kommt auch kennt. Rex bellt, springt freudig an mir hoch. Mutter hebt den Kopf und schaut herüber. Sie hält inne. Der Rucksack gleitet mir aus der Hand und ich stürme auf Mutter zu. Endlich Daheim!

September

*Sommer ist dahin gegangen
Herbstwind schläft noch, regt sich kaum
lila Astern strahlend prangen
gelbes Blatt fällt leis' vom Baum.*

*Kerzengerade steigt der Rauch
dort drüben vom Kamin
du spürst ihn schon des Herbstes Hauch
das Jahr, es flog so schnell dahin.*

*Es leuchten noch die gelben Rosen
das Rot der Äpfel dort am Baum
möcht' die ganze Welt liebkosen
dieser Herbst ist wie ein Traum.*

Spinnenfäden reich behangen
mit tausend Tropfen Silbertau
Morgensonne lässt sie prangen
vor hohem Firmament so blau.

Mückenschwarm im Gegenlicht
er tanzt den letzten Reigen
Sonnenstrahl im Dunst sich bricht
die alten Bäume schweigen.

Der Herbst, er nimmt so manches Leben
dem Menschen und dem Tier
der Herr, der es uns einst gegeben
beschließt's und nimmt's auch einmal dir.

Im Jahre 1870 wurde der Eisenbahntunnel gegraben. Das Portal an seinem nördlichen Ende ist ein Kunstwerk, Türmchen und Zinnen gehauen aus Kyllburger Sandstein. 218 m ist er lang und seine Länge hätte allemal ausgereicht den gesamten Zug aufzunehmen. Es war der 19. September 1944. Der Krieg war in die Eifel gekommen. Immer öfter standen sich Soldaten der Wehrmacht und der Alliierten gegenüber.

1944 Der Zug

»Ihr könnt doch diesen Zug nicht einfach hier draußen stehen lassen!«, polterte der Vorsteher des Kyllburger Bahnhofs. »Ne bessere Zielscheibe gibt's doch gar nicht für die Amis! Macht schon, dass ihr in den Tunnel kommt! Je schneller, je besser.«

»Geht nicht«, antwortete der Lokführer gelangweilt und zog bedächtig an seiner Pfeife. »Ein Offizier, ein ziemlich hohes Tier, glaub' ich, hat befohlen genau hier zu halten und keiner von denen da«, dabei wies er mit der Pfeife nach hinten zu den Soldaten in den Waggons, »darf diesen Zug verlassen.«

»Wo ist der Kerl?«, schnaubte der Bahnhofsvorsteher.

»Drüben, im Hotel«, wieder deutete der Lokführer mit seiner Pfeife irgendwohin. Schimpfend machte sich der Vorsteher davon.

Der 19. September des Jahres 1944 war ein Dienstag. Es war der Tag, an dem das Leben des Soldaten Robert Müller enden sollte.

Mehr als zwei Stunden stand der Zug nun schon vor dem Bahnhof Kyllburg. »So eine Scheiße«, fluchte Robert Müller, schob das Fenster etwas herunter und warf die Zigarettenkippe hinaus. »Wir frieren uns hier den Arsch ab und der Alte trinkt mit irgendwelchen Miezen drüben im Hotel Kaffee.« Wütend schob er das Fenster zu und ließ sich auf die harte Holzbank zurückfallen.

»Kannst wohl nicht schnell genug an die Front kommen«, spottete Fredi Köhler, schlang seinen mausgrauen Mantel um den mageren Körper, drückte sich in die Ecke der Sitzbank und schaute gelangweilt zum Fenster hinaus. Fredi hörte noch das Pfeifen und er sah auch noch die Explosion. Das waren die letzten Wahrnehmungen in seinem noch jungen Leben. Ein gezacktes Stück Metall, so groß wie eine Hand durchschlug den Eisenbahnwaggon und zerfetzte Fredis Brust. Wie gelähmt starrte Robert seinen Freund an, aus dessen Mundwinkel Blut rann und dessen Mantel sich dunkel färbte. Der ganze Waggon erbebte. Geschosse durchschlugen das Blechdach, Glas zersplitterte und Projektile pfiffen durch die Luft. Verzweifeltes Geschrei. Erst jetzt kam Robert wieder zu sich. »Raus hier! Raus, wenn ihr leben wollt!«, brüllte er, packte seinen sterbenden Freund, schleifte ihn zur Tür, riss sie auf und sprang hinaus.

Die Lokomotive hatte etliche Treffer abbekommen, stand irgendwie schräg auf den Schienen und aus dem zerschossenen Kessel quollen mächtige Dampfwolken. Mit wildem Zischen fuhr eine Salve neben ihm in den Boden. Robert warf sich unter einen Waggon und zog den leblosen Fredi an seine Seite. Flugzeugmotoren heulten auf. Die amerikanischen Jagdbomber griffen erneut an, feuerten aus ihren Bordwaffen und warfen Bomben, dann drehten sie plötzlich ab. Entsetzte Schreie und

klägliches Weinen zerschnitt die plötzliche Stille. Robert zog den Riemen seines Stahlhelms fester, packte den Karabiner und robbte unter den Waggons hindurch. Eine ohrenbetäubende Explosion. Stahlteile und Menschen wurden herumgeschleudert, Hilfeschreie und wieder Schüsse. Von der Eisenbahnschiene prallte ein Geschoss ab und fuhr pfeifend an seinem Kopf vorbei. Wieder dröhnten Flugzeugmotoren. Zwischen den Rädern des Waggons schaute Robert hinaus, blickte nach oben. Sieben oder acht Flugzeuge sah er, die wieder abdrehten um einen neuen Angriff zu fliegen. Wenn du jetzt hier bleibst, dann bist du gleich tot, dachte er und versuchte irgendetwas, irgendeinen Unterschlupf in der nahen Umgebung auszumachen. Wieder Explosionen. Einige der hinteren Waggons wurden zerfetzt. Robert drückt seinen Körper gegen die Achse, gegen das Rad des Waggons, er machte sich winzig klein. Eine mächtige Detonation ließ den Waggon über ihm erbeben. In Roberts Ohren war nur noch ein schrilles Pfeifen. Es blieb. Er wollte den Arm heben, um den Stahlhelm ein wenig aus dem Gesicht zu schieben, doch der Arm rührte sich nicht, sein ganzer Körper ließ sich nicht mehr bewegen. Seine Brust war so warm, und dann sah er es. Dunkelrotes Blut quoll aus der Uniform hervor. Bleierne Müdigkeit packte ihn und rasend schnell umschloss ihn schwarze Finsternis. Vom nächsten Angriff der Jagdbomber merkte der Soldat Robert Müller nichts mehr. Sein Leben war bereits erloschen.

Irgendwann drehten die Flugzeuge dann endgültig ab. Sie hinterließen einen völlig zerstörten Zug und 60 tote Soldaten.

Dezemberwind

*Dezemberwind ist kalt und rau
weht stürmisch aus Nordost
trüb der Tag, kein Himmelsblau
vergeblich sucht die Seele Trost.*

*Dezemberwind jagt durch die Gassen
treibt welkes Laub geschwind davon
Platz und Straßen sind verlassen
der Tag vergeht, es dunkelt schon.*

*Dezemberwind bringt Schnee
verzaubert uns're Welt
brauchst nicht zu klagen ach und weh
denn manch ein Kind hat ihn bestellt.*

*Dezemberwind pfeift um das Haus
im Stall steht jedes Tier
Ochs und Esel, Katze, Maus
das kleine Schaf ist längst schon hier.*

*Dezemberwind hör auf zu weh'n
das Kind, es schläft im Stroh
Hirten zieh'n, zum Stall sie geh'n
beglückt und in den Herzen froh.*

*Dezemberwind schläft nun verdrießlich
vielleicht träumt er vom Kind
ich glaub's zwar nicht, denn schließlich
ist er ja bloß der Wind.*

Man schrieb das Jahr 1921. Der Dezember war schon weit fortgeschritten und Weihnachten nahte. Kälte und Schnee machten den Menschen schwer zu schaffen. Es gab niemand, der den Winter missachtete, den Schnee, die eisige Kälte und den Sturm. Und manch einer, der in einen schlimmen Schneesturm geraten war und sich in den tiefen Wäldern der Eifel verirrte, zahlte mit seinem Leben dafür.

1921 Schneesturm

Kathrin schloss die Hände um den Becher warmer Milch. Im Kamin knackten und zischten die Holzscheite und füllten den Raum mit wohliger Wärme. Besorgt blickte sie durchs Fenster hinaus, wo der stürmische Wind den Schnee in Böen vorübertrieb. Mit drohendem Heulen rüttelte der Sturm an der Hütte. Die schlanke Frau zog den wollenen Umhang fester um die schmalen Schultern.

Mein Gott, dachte Kathrin, bei diesem Wetter ist Peter mit dem Fuhrwerk noch unterwegs. Vielleicht hat er ja die Mühle drunten im Tal der Kyll schon erreicht. Er könnte dort übernachten, denn wenn der Sturm weiter so tobt, dann würde er ganz sicher heute nicht mehr nach Hause kommen. Er wäre auch nicht der Erste, der sich im Schneesturm in den tiefen Wäldern der Eifel verirrt hatte und erst Wochen später erfroren unter einer Tanne gefunden wurde.

Ihr besorgter Blick ging hinüber zur kleinen Anna, die gequält hustete und leise stöhnte. Kathrin stand auf, ging zu ihrem Kind und setzte sich zu ihm ans Bett. Und sie erschrak. Das Fieber ließ Schweißperlen von Annas Stirn rinnen, die im blonden Haar versickerten.

„Winter bei Gransdorf"

»Vater wird Medizin mitbringen«, flüsterte sie, strich ihrem kranken Kind durchs Haar und zog die Decke so weit hoch, dass nur noch die Nasenspitze der Kleinen hervorlugte. Apathisch starrte Anna ihre Mutter an.

»Ich werde dir einen Wadenwickel machen. Der wird das Fieber senken!« Es wird nicht sinken, dachte Kathrin und Verzweiflung krallte sich tief in ihrer Seele fest. Oh Gott, lass Peter doch zurückkommen, wir brauchen die Medizin! Sie ging hinüber zum Herd. Anna sollte ihre Tränen nicht sehen.

Die Dämmerung sank hernieder. Das Vieh musste noch gefüttert werden! »Ludwig, komm hilf mir«, rief sie dem Jungen zu, der drüben am lodernden Feuer hockte und an einem Stück Buchenholz schnitzte. Kathrin warf sich den groben Wollumhang um die Schulter und band das Kopftuch.

Der Sturm jagte die Flocken weit in die Stube hinein, als sie die Türe öffnete und sich hinauszwängte. In dem weißen Wirbel war die Stallung nicht zu sehen, die doch nur ein paar Schritte entfernt war! Und in der gleichen Sekunde wusste sie, dass ihr Mann es nicht schaffen würde heute noch mit dem Gespann heimzukehren.

Endlich war das Vieh versorgt. Mühsam stapfte Kathrin zurück durch den kniehohen Schnee zur Hütte. Das Feuer war niedergebrannt, doch strahlte die rote Glut noch eine wohlige Wärme aus. Anna hatte die Augen geschlossen und nur ab und zu entwich ihr ein schwaches Stöhnen. Ihr kleiner Körper glühte.

Wäre Peter doch bloß da, Kathrin würde sich nicht so schrecklich hilflos und ohnmächtig fühlen.

Die Nacht kam. Wütend rüttelte der Sturm an den Fensterläden und tobte um das Haus. Ihr Mann war nicht nach Hause gekommen. Ein Gefühl tiefer Angst und Verzweiflung packte sie. Und jetzt, da Ludwig und Anna schliefen, und das Feuer die Schatten im Raum tanzen ließ, da hatte Kathrin mit einem Mal das Gefühl, als wäre sie nicht alleine, als wäre noch jemand da. Erschrocken drehte sie sich zur Tür. Doch es war niemand da, und dennoch ...

»Du bist gekommen mein Kind zu holen«, flüsterte Kathrin aufgebracht, »doch du wirst es nicht bekommen! Nein, nein, nein!«, zischte sie wütend. Doch sie wusste, dass das Leben ihrer kleinen Anna nun auf dem Spiel stand und in dieser Nacht, da würde sie nichts anderes tun können, als zu versuchen mit allen Mitteln das Fieber zu senken und ein Gebet zu sprechen. Aber morgen, da musste etwas geschehen, ganz gleich ob sich dieser Schneesturm gelegt hatte oder nicht. Mit diesem Fieber würde ihr Kind nicht mehr lange leben.

"Wolkenstimmung"

Kathrin war auf der Ofenbank eingeschlafen. Als sie gegen Mitternacht aufwachte, war das Feuer im Kamin erloschen. Beißende Kälte kroch in sie hinein. Mühsam stand sie auf und bewegte die kalten Glieder. Sie schaute noch nach Anna, die in tiefem Schlaf lag, schlang die Decke um ihren Körper und legte sich zu Ludwig auf die strohgefüllte Matratze, lauschte noch ein wenig dem Heulen des Windes, bis der Schlaf sie endlich in seine Arme aufnahm.

Durch die Ritzen des Fensterladens fiel ein schmaler Streifen trüben Lichtes in den Raum. Kälte umfing sie, als sie die Decke zurückschlug. Anna! Ihr Zustand war unverändert. Sie flößte dem Kind etwas Kräutertee ein, machte wieder kühlende Wickel, doch das Fieber wollte und wollte nicht weichen! Auch der Sturm hatte nicht nachgelassen. Mit eisiger Hand türmte er die Schneemassen auf und jagte heulend und drohend durch die Äste der kahlen Bäume.

Mittag war schon vorüber. Die Angst um Anna ließ in ihr einen verzweifelten Entschluss reifen. Peter würde gewiss auch heute nicht nach Hause kommen. Bei diesem Schneesturm war es einfach unmöglich. Aber sie hatte keine Wahl mehr. Anna war in eine dumpfe Ohnmacht gesunken und wenn sie das Leben ihres Kindes retten wollte, dann musste sie nun handeln. Beinahe zwei Stunden war es bis zum Kloster in Himmerod – im Sommer. Jetzt, bei diesem Wetter würde sie drei oder gar vier Stunden brauchen.

In Decken geschlungen und mit Hanfstricken festgezurrt lag Anna auf dem Schlitten. Entschlossen blickte Kathrin zu Ludwig, der dahinter stand, dann schlang sie das Hanfseil ums Handgelenk und stapfte los.

In dieser weißen Schattenwelt war beinahe nichts mehr zu erkennen. Mühsam kämpfte sie gegen den schneidenden Nordwind, der ihr eisig ins Gesicht fuhr. Hüfthohe Schneewehen versperrten den Weg, doch es gab nichts, was Kathrin aufhalten konnte. Ludwig gab sein Bestes und schob den Schlitten nach Kräften.

Kathrin war stark, doch auch wenn die Last des Schlittens gering war, so ließen ihre Kräfte doch irgendwann nach. Im Schutze einiger niedriger Sträucher rasteten sie ein wenig. Kathrin legte den Arm um Ludwig und schlang den wollenen

Umhang schützend um ihn. Es dämmerte bereits. Eine kalte schwarze Hand griff nach ihr. Wenn wir das Kloster nicht bald erreichen ... Oh Gott!

»Ludwig, wir müssen weiter! Komm, du schaffst es noch ein kleines Stückchen.« Sie strich dem Jungen durchs Haar, der ängstlich zu ihr aufschaute, aber tapfer nickte. »Wir schaffen das, mein Junge!«, versuchte sie nicht nur ihm Mut zu machen. Ihr Herz pochte laut, und kalter Schweiß rann ihr von der Stirn. Schon warf die Nacht ihren dunklen Mantel über das Land und noch immer tobte der Schneesturm unvermindert. Wie aus dem Nichts tauchte plötzlich ein Heuschober auf. Es hätte die Rettung sein können, wäre Anna denn nicht so krank gewesen. Sie brauchte Hilfe und die konnte sie hier draußen nicht bekommen. Tausend Gedanken schossen wild durch Kathrins Kopf.

»Ludwig, du und Anna ..., ihr beide bleibt hier. Ich werde Hilfe holen.« Sie legte die beiden ins wärmende Heu. Einen Kuss drückte sie ihren Kindern auf die Stirn und dann verschwand Kathrin in den wirbelnden Flocken.

Sie spürte nicht die bittere Kälte, die von den eisigen Füßen allmählich die Beine hinaufkroch und sie spürte auch nicht die stechenden Schmerzen in den blutenden Handgelenken, in die sich das raue Seil des Schlittens tief eingeschnitten hatte. Manchmal lag der Schnee nur wenige Zentimeter hoch und dann wieder musste sie sich auf Händen und Füßen durch tiefe Schneewehen kämpfen. Annas Leben lag in ihrer Hand. Wenn sie es bis zum Kloster schaffte ... Glockengeläut! Kathrin stand ganz still, lauschte in die aufziehende graue Dämmerung. Sie rannte los, fiel hin, rappelte sich wieder auf und plötzlich tauchte das dunkle Band der Klostermauer aus dem Weiß auf. Sie weinte, lief weiter an der Mauer entlang, bis sie endlich die Pforte erreicht hatte.

»Bei diesem Sturm kann ich es nicht verantworten auch nur einen unserer Brüder hinaus zu schicken! Es ist schon sehr spät, die Nacht ist gekommen«, erklärte der in Ehren ergraute Abt, stand auf und ging zur Tür.

»Aber ihr seid doch Christen«, schluchzte Kathrin. »Mein Kind stirbt ...«

Ungerührt schritt der Abt der Tür entgegen.

»Bernhard von Clairvaux, er sollte Euch wohl bekannt sein«, zischte Bruder Sebastian und erhob sich.

»Was erlaubt Ihr Euch!«, fauchte der Abt und fuhr herum.

»Für Bernhard von Clairvaux, dem ehrwürdigen Gründer unseres Ordens war diese eine Nacht die heiligste aller Nächte. Und Ihr, Ihr würdet ohne Zögern in dieser Nacht, da Jesus

Christus unser Herr geboren wurde ein unschuldiges Kind dem Tod überlassen?«

Mit gerötetem Kopf starrte der Abt nun den fülligen Bruder Sebastian an.

»So Gott will, wird in dieser Nacht das Kind dieser Frau ebenfalls wiedergeboren. Ich werde sie begleiten!«

Kathrin schlug die Hände vors Gesicht und weinte. »Wie ihr meint, Bruder Sebastian, es ist Eure Entscheidung«, entgegnete der Abt und trat aus der Tür und verschwand.

»Ich werde Euch jede halbe Stunde die Glocke läuten, Bruder Sebastian«, flüsterte der junge Novize, senkte dann aber schnell den Kopf, um nicht dem strafenden Blick des Abtes zu begegnen.

Der ebenso beleibte wie mutige Bruder Sebastian hatte in dem weißen Inferno noch mehr zu kämpfen, als die geschwächte Kathrin. »Wenn Ihr die Kinder in einem Heuschober untergebracht habt, dann kommen da nur zwei oder drei in Betracht«, erklärte er prustend, und schritt mit Stecken und Laterne voran. Kathrin folgte dem Mönch keuchend und versuchte in seine Fußstapfen zu treten.

Es dauerte alles viel zu lange! Längst schon hätten sie den Schober erreicht haben müssen! Doch dann tauchte plötzlich aus dem Weiß verwittertes graues Holz auf. Aber die Kinder waren nicht da! Es war der falsche Schober. Aus der Ferne klang dünn die Glocke der Abtei herüber. »Es gibt noch zwei weitere«, brachte Bruder Sebastian japsend hervor. Bald schon hatten sie den zweiten Schober erreicht. Wieder keine Kinder! Kathrin sank schluchzend in den Schnee.

»Lasst den Mut nicht sinken«, murmelte der Mönch, »der

Herr wird seine schützende Hand über uns und Eure Kinder halten!«, tröstete er die verzweifelte Frau.

"Wildblumen"

Im tiefen Neuschnee kamen sie nur mühsam voran. Manches Mal kämpften sie sich auf allen Vieren den Berghang hinauf. Bruder Sebastian entging, dass die Glocke nicht mehr zu hören war. Weiter, immer weiter, er musste die Kinder finden! Keuchend und zitternd reichte der Mönch Kathrin die Hand, zog sie ein Stück hinter sich her, fiel hin und rappelte sich wieder auf. Besorgt blickte er in das von Anstrengungen gezeichnete Gesicht Kathrins und da wusste er, dass sie jetzt nicht mehr weiter konnten.

Ein strahlend blauer Himmel wölbte sich an diesem Weihnachtstag über die Berge der Eifel. In der Nacht hatte der Sturm nachgelassen, doch nun ließ eisiger Frost alles erstarren. Kaum zog der Morgen herauf, ließ der Abt nach den Vermissten suchen. Schnell fand man die Kinder und brachte sie ins Kloster. Ludwig ging es gut, er hatte lediglich mächtigen Hunger. Anna wurde auf der Krankenstation versorgt.
Gegen Mittag fand man schließlich auch Kathrin und Bruder Sebastian. So als würden sie schlafen, lagen sie eng aneinandergeschmiegt im Schutz einer verkrüppelten Kiefer. Ein langer, friedlicher Schlaf aus dem sie nicht mehr erwachen würden.

Das Glöcklein

Einsam ruft die kleine Glocke
verhallt in kalter Winterwelt
weiß das Land mit jeder Flocke
die aus grauen Wolken fällt.

Die kleine Kirche nah dem See
steht dort seit vielen Jahren
sie hat erlebt viel Arg und Weh
was Menschen widerfahren.

Ein Dankgebet, der Not ein Ende
froh brachten sie die Gaben
vorbei die Zeit, es kam die Wende
sie wollten es so haben.

Mag sein, dass einer hofft
und denkt an die Kapelle
in seiner Kindheit ging er oft
mit Vater zu der Stelle.

Die Jahre sind dahingegangen
weit liegt die Kinderzeit zurück
entsinnt sich fern wie's angefangen
mit Vater, Mutter - trautem Glück.

*Entzündete einst froh die Kerzen
er betete zu Gott dem Herrn
aus reinem Kinderherzen
denn damals tat er es noch gern.*

*Alt ist er nun, sein Blick geht weit
er sieht die vielen Fehler
die er gemacht in all der Zeit
war Räuber, Dieb und Hehler.*

*Christtag naht, wie jedes Jahr
freudig eilet er herbei
beugt das Knie vor dem Altar
und endlich fühlt er sich nun frei.*

*Des Glöckleins Ruf verklang soeben
im weihnachtlichen Land
er denkt an sein bescheiden Leben
und reicht dem Jesuskind die Hand.*

Verzeichnis der Abbildungen

Seite 6	*im Hohen Venn*	Acryl, 60X80 cm
Seite 12	*die Farben der Eifel*	Acryl, 60X80 cm
Seite 16	*Fingerhut*	Aquarell, 20X30 cm
Seite 17	*Schneeglöckchen*	Aquarell, 40X50 cm
Seite 26	*Winterzeit*	Acryl, 70X60 cm
Seite 26	*verschneite Landschaft*	Aquarell, 50X40 cm
Seite 28	*Burg Rittersdorf*	Aquarell, 60X50 cm
Seite 29	*Pusteblumen*	Acryl, 50X70 cm
Seite 34	*Josefskapellchen*	Aquarell, 50X40 cm
Seite 41	*am blauen Wasser*	Acryl, 50X70 cm
Seite 42	*am Abend*	Aquarell, 50X50 cm
Seite 48	*Frühling*	Aquarell, 40X50 cm
Seite 55	*im Perlenbachtal*	Acryl, 60X50 cm
Seite 55	*Rapsblüte*	Aquarell, 60X50 cm
Seite 60	*wilde Wasser*	Acryl, 50X70 cm
Seite 65	*weite Sicht*	Acryl, 70X50 cm
Seite 70	*Frühlingswald*	Aquarell, 50X70 cm
Seite 72	*der Frühling kommt*	Acryl, 40X50 cm
Seite 74	*im Frühling*	Acryl, 60X60 cm
Seite 77	*Kapelle am Maar*	Aquarell, 50X60 cm
Seite 81	*Sommerwiese*	Acryl, 70X50 cm
Seite 81	*Burg Bruch*	Aquarell, 60X50 cm
Seite 87	*Mohnwiese*	Aquarell, 60X50 cm
Seite 90	*Sommertag*	Acryl, 50X60 cm
Seite 96	*Dudeldorfer Tor*	Aquarell, 50X70 cm
Seite 103	*Wald und Wiesen*	Acryl, 60X50 cm
Seite 103	*Straße in Kyllburg*	Aquarell, 50X40 cm
Seite 110	*die Jahreszeiten* 4x	Acryl, 20X20 cm
Seite 114	*Roter Mohn*	Aquarell, 50X60 cm
Seite 120	*der Tag geht*	Acryl, 50X50 cm
Seite 121	*das Haus am Bach*	Acryl, 40X50 cm

Seite 125	*Auwald*	Aquarell, 50X40 cm
Seite 125	*Altenhof*	Acryl, 50X40 cm
Seite 130	*Ranzenmühle*	Aquarell, 50X40 cm
Seite 130	*die Arbeit ist getan*	Aquarell, 60X50 cm
Seite 136	*Mohnblüte*	Acryl, 60X50 cm
Seite 140	*die Brücke*	Aquarell, 60X50 cm
Seite 140	*die Kirche im Dorf*	Aquarell, 50X40 cm
Seite 143	*im Schatten der Bäume*	Acryl, 50X70 cm
Seite 148	*die Wölfin*	Acryl, 50X40 cm
Seite 149	*Herbstfarben*	Aquarell, 40X50 cm
Seite 152	*Herbst an der Kyll*	Acryl, 60X50 cm
Seite 155	*Erntezeit*	Aquarell, 50X70 cm
Seite 160	*Eifeldorf*	Acryl, 50X40 cm
Seite 163	*Herbststimmung*	Aquarell, 50X70 cm
Seite 168	*der rote Baum*	Aquarell, 40X50 cm
Seite 173	*Winter bei Gransdorf*	Aquarell, 50X40 cm
Seite 175	*Wolkenstimmung*	Aquarell, 60X50 cm
Seite 177	*Abtei Himmerod*	Aquarell, 50X40 cm
Seite 180	*Wildblumen*	Aquarell, 40X50 cm

In ihrer Galerie in Landscheid und in verschiedenen Ausstellungen sind Paula Neumanns Bilder zu sehen – und können selbstverständlich auch erworben werden.

Paula Neumann, Auf der Stuf, 54526 Landscheid
Tel.: 06575 / 4341
www.paula-neumann.de

Das abenteuerliche Leben der Wolgadeutschen
Lena Martel
Buch 1 – Abschied von der Wolga

408 Seiten - Amazon - ISBN 978-1539873785

Wer aufhört zu suchen, der findet, sagt eine alte buddhistische Weisheit. Die Protagonisten in Hermann Amelings Erzählungen haben aufgehört zu suchen und sie haben sich gefunden. Es sind Geschichten von Menschen, die sich an den unterschiedlichsten Orten der Erde begegnen, und nicht immer enden diese Episoden auch glücklich.

207 Seiten – Amazon – ISBN 978-1537678955